La bible de la CUISINE des PLACARDS

La bible de la CUISINE des PLACARDS

EDITIONS ESI

60, rue Vitruve, 75 020 Paris

Imprimé par FINIDR en République tchèque

ISBN : 978-2-8226-0237-2 – N° Sofédis : S511954

Oeuvre collective

Sommaire

Sommaire

Asperges à la mousse de mayonnaise

Préparation : 20 minutes • Cuisson : 15 minutes
Difficulté : ★ Budget : ★

Pour 4 personnes

- ✔ 20 cl de crème liquide
- ✔ 2 cuil. à soupe de mayonnaise
- ✔ 2 blancs d'œufs
- ✔ 1 cuil. à soupe de ciboulette ciselée
- ✔ 2 bottes d'asperges blanches
- ✔ Sel

Préparation

1. Préparez la mousse. Fouettez la crème liquide et la mayonnaise. Dans un saladier, versez les blancs d'œufs et ajoutez une pincée de sel. Montez les blancs en neige ferme. Incorporez délicatement les blancs à la crème, ajoutez de la ciboulette, puis réservez au frais.
2. Préparez les asperges. Pelez les asperges et faites-les cuire 15 minutes à la vapeur. Servez tiède ou froid, accompagné de la mousse de mayonnaise.

Bouchées aux crevettes

Préparation : 15 minutes • Difficulté : ★ Budget : ★

Pour 4 personnes

- ✔ 4 tranches de pain de mie complet
- ✔ Mayonnaise allégée
- ✔ 200 g de crevettes cuites (non décortiquées)
- ✔ 100 g d'œufs de truite
- ✔ 2 cuil. à soupe d'aneth haché

Préparation

1. Découpez des cercles dans le pain de mie à l'aide d'un emporte-pièce et tartinez-les de mayonnaise.
2. Retirez la tête des crevettes et plantez les queues dans la mayonnaise.
3. Décorez avec 2 ou 3 œufs de truite et quelques brins d'aneth. Servez bien frais.

Cocottes fraîcheur au crabe

Préparation : 30 minutes • Repos : 4 heures
Difficulté : ★ Budget : ★★

Pour 4 personnes

- ✔ 10 cl de crème liquide entière
- ✔ 1 feuille de gélatine
- ✔ 200 g de chair de crabe
- ✔ 2 pamplemousses roses
- ✔ 2 avocats
- ✔ 1 citron
- ✔ 2 cuil. à soupe de mayonnaise
- ✔ Piment de Cayenne

Préparation

1. Fouettez la crème en chantilly et réservez-la au frais.
2. Mettez la feuille de gélatine à ramollir dans de l'eau froide.
3. Égouttez la chair de crabe. Épluchez les pamplemousses à vif et prélevez les quartiers de pulpe (les suprêmes) sans les casser.
4. Écrasez la chair d'un avocat puis ajoutez le crabe, le jus d'un demi-citron, la mayonnaise et une pincée de piment.
5. Mettez la gélatine essorée à fondre 5 secondes au micro-ondes. Ajoutez-la à la préparation au crabe puis incorporez la crème fouettée. Coupez le second avocat en dés et ajoutez-le au mélange.
6. Placez les suprêmes de pamplemousse contre la paroi de 4 mini cocottes si elles sont en verre sinon placez-les en couche au fond. Remplissez les cocottes de mousse au crabe en plaçant au centre 1 ou 2 suprêmes de pamplemousse.
7. Placez 4 heures au frais.
8. Décorez avec de l'avocat frotté délicatement avec un citron pour qu'il ne noircisse pas et du pamplemousse.

Coleslaw

Préparation : 20 minutes • Repos : 30 minutes
Difficulté : ★ Budget : ★

Pour 4 personnes

- ✔ 2 cuil. à soupe de mayonnaise
- ✔ 4 cuil. à soupe de crème fraîche épaisse allégée
- ✔ 1 cuil. à soupe de vinaigre de cidre
- ✔ ½ cuil. à soupe de moutarde
- ✔ 1 cuil. à café de sucre
- ✔ ¼ de chou blanc
- ✔ 3 carottes
- ✔ 40 g de raisins secs
- ✔ Sel et poivre

Préparation

1. Mélangez la mayonnaise, la crème fraîche, le vinaigre, la moutarde et le sucre.
2. Ajoutez à cette sauce les légumes râpés et les raisins secs.
3. Salez, poivrez et mélangez bien.
4. Laissez reposer au frais 30 minutes avant de servir.

Crab cakes new-yorkais

Préparation : 20 minutes • Cuisson : 6 minutes
Difficulté : ★ Budget : ★

Pour 30 crab cakes

- ✔ 1 carotte
- ✔ 1 céleri
- ✔ 4 oignons nouveaux
- ✔ 2 œufs
- ✔ 100 g de chapelure
- ✔ 4 cuil. à soupe de mayonnaise
- ✔ 2 cuil. à café de moutarde
- ✔ 2 cuil. à café de Tabasco®
- ✔ 400 g de chair de crabe
- ✔ 4 cuil. à café d'huile à frire
- ✔ Sel

Préparation

1. Hachez la carotte, le céleri et les oignons. Mélangez-les aux œufs battus avec 40 g de chapelure, la mayonnaise, la moutarde, 1 cuil. à café de sel et le Tabasco. Ajoutez ensuite la chair de crabe et remuez doucement.
2. Formez des pâtons de 1,5 cm d'épaisseur et 8 cm de diamètre.
3. Placez la chapelure restante dans un plat. Recouvrez-en les pâtons.
4. Faites chauffer l'huile de friture dans une poêle. Placez-y les crab cakes 3 minutes de chaque côté, jusqu'à ce que la chapelure soit bien dorée. Servez immédiatement.

Crème d'avocats

Préparation : 20 minutes • Cuisson : 15 minutes
Difficulté : ★ Budget : ★★

Pour 4 personnes

- ✔ 2 avocats (bien mûrs)
- ✔ Le jus de 1 citron
- ✔ 3 cuil. à soupe de mayonnaise
- ✔ 4 bâtonnets de surimi
- ✔ Sel et poivre

Préparation

1. Récupérez la chair des avocats.
2. Mixez la chair avec le jus de citron, la mayonnaise et le surimi. Salez et poivrez. Servez en accompagnement de crevettes ou de chips tortilla.

Crevettes et saumon à la mayonnaise d'avocats

Préparation : 20 minutes • Difficulté : ★ Budget : ★★★

Pour 4 personnes

- ✔ 2 avocats
- ✔ Le jus de 1 citron
- ✔ 2 cuil. à soupe de mayonnaise
- ✔ 400 g de crevettes
- ✔ 200 g de saumon fumé
- ✔ 1 citron
- ✔ 8 tranches de pain polaire
- ✔ Sel et poivre

Préparation

1. Pelez les avocats et passez-les au hachoir. Ajoutez le jus de citron. Mélangez bien.
2. Incorporez la mayonnaise à la purée d'avocats. Salez, poivrez puis réservez au frais.
3. Décortiquez les crevettes. Débitez-les en rondelles et incorporez à la purée d'avocats.
4. Tranchez le saumon en larges lamelles. Coupez le citron en rondelles.
5. Disposez la purée d'avocats sur les tranches de pain polaire. Placez sur chaque tranche deux lamelles de saumon et une rondelle de citron. Servez frais.

Cupcakes crevettes et mayonnaise citronnée

Préparation : 30 minutes • Repos : 20 minutes • Cuisson : 20 minutes
Difficulté : ★ Budget : ★★

Pour 6 cupcakes

- ✔ 180 g de farine
- ✔ ½ cuil. à café de levure chimique
- ✔ 2 cuil. à soupe d'huile d'olive
- ✔ 1 œuf
- ✔ 6 cl de lait
- ✔ 400 g de crevettes roses
- ✔ 200 g de mayonnaise
- ✔ Sel

Préparation

1. Préchauffez le four à 180 °C (th. 6). Mélangez la farine, la levure et une pincée de sel. Ajoutez l'huile et mélangez au batteur. Incorporez l'œuf puis le lait. Fouettez jusqu'à l'obtention d'une pâte homogène.
2. Décortiquez les crevettes et coupez-les en petits morceaux. Incorporez-les ensuite à la pâte.
3. Versez la pâte dans 6 moules à muffin garnis de caissettes en papier et enfournez pour 20 minutes puis laissez refroidir sur une grille.
4. Mettez la mayonnaise dans une poche à douille et couvrez-en le dessus des cupcakes.

Filets de cabillaud du Sud

Préparation : 10 minutes • Repos : 1 heure • Cuisson : 20 minutes
Difficulté : ★ Budget : ★★

Pour 4 personnes

- ✔ 10 cl d'huile d'olive
- ✔ 4 filets de cabillaud
- ✔ Le jus de 1 citron
- ✔ 3 cuil. à soupe de mayonnaise
- ✔ 1 poivron rouge
- ✔ Sel et poivre

Préparation

1. Préchauffez le four à 180 °C (th. 6).
2. Huilez légèrement le plat. Placez-y les filets de cabillaud, arrosez-les sur les deux côtés du jus de citron et d'huile d'olive, puis salez et poivrez.
3. Laissez mariner 1 heure et tartinez le dessus des filets d'une fine couche de mayonnaise.
4. Recouvrez avec le poivron coupé en petits dés. Placez au four et laissez cuire 20 minutes.

Macédoine saveur

Préparation : 10 minutes • Cuisson : 50 minutes
Difficulté : ★ Budget : ★

Pour 4 personnes

- ✔ 150 g de petits pois
- ✔ 150 g de haricots verts
- ✔ 2 petits navets
- ✔ 2 œufs
- ✔ 1 cuil. à soupe de mayonnaise
- ✔ 1 cuil. à soupe de vinaigre de vin
- ✔ 1 cuil. à soupe de persil haché
- ✔ Sel et poivre

Préparation

1. Écossez les petits pois. Détaillez le reste des légumes en petits dés. Faites cuire le tout séparément dans l'eau bouillante salée.
2. Égouttez-les lorsqu'ils sont cuits al dente et laissez refroidir.
3. Faites durcir les œufs 10 minutes dans l'eau bouillante. Écalez-les et coupez-les en quartiers. Réservez.
4. Dans un saladier, émulsionnez la mayonnaise avec le vinaigre, salez et poivrez.
5. Ajoutez les légumes et mélangez. Décorez avec le persil et disposez les œufs dessus. Servez bien frais.

Conseil : Si vous manquez de temps, vous pouvez utiliser des légumes surgelés. Reportez-vous à l'emballage pour adapter le temps de cuisson.

Mini pans-bagnats

Préparation : 25 minutes • Repos : 1 h 35 • Cuisson : 20 minutes
Difficulté : ★★ Budget : ★

Pour 24 pièces

Pour la pâte

- ✔ ½ cuil. à café de levure de boulanger déshydratée
- ✔ 1 cuil. à soupe de lait
- ✔ Sucre
- ✔ 125 g de farine
- ✔ 1 cuil. à café de sel
- ✔ 1 cuil. à soupe d'huile d'olive

Pour les pans-bagnats

- ✔ 8 œufs de caille
- ✔ 8 tomates cerise
- ✔ 5 olives noires
- ✔ 100 g de thon blanc au naturel
- ✔ 1 salade romaine
- ✔ Mayonnaise
- ✔ 1 cuil. à café de sel

Préparation

1. Versez la levure dans le lait tiède, ajoutez une pincée de sucre, couvrez et laissez reposer 15 minutes.
2. Mélangez la farine et le sel, versez au centre la levure, mélangez légèrement puis ajoutez 6 cl d'eau tiède et l'huile d'olive. Pétrissez la pâte 10 minutes jusqu'à ce qu'elle ne soit plus collante et très souple. Couvrez d'un torchon et laissez reposer 1 heure à température ambiante.
3. Prélevez des noisettes de pâte, roulez-les, aplatissez-les légèrement et placez-les sur une plaque de cuisson recouverte de papier sulfurisé. Laissez reposer 20 minutes couvert d'un torchon.
4. Mettez au four chaud 15 minutes à 200 °C (th. 6-7). Laissez refroidir puis ouvrez-les en deux.
5. Mettez les œufs de caille à cuire 5 minutes dans une casserole d'eau puis laissez-les refroidir avant de les écailler. Coupez les tomates et les olives en tranches. Égouttez le thon. Lavez et séchez la salade.
6. Placez un peu de chaque ingrédient dans chaque petit pain avec une petite touche de mayonnaise et maintenez le tout grâce à une pique à apéritif.

Œufs de caille mimosa

Préparation : 30 minutes • Cuisson : 5 minutes
Difficulté : ★★ Budget : ★

Pour 6 personnes

- ✔ 12 œufs de caille
- ✔ 1 cuil. à café de mayonnaise
- ✔ 1 cuil. à café de crème fraîche épaisse
- ✔ 2 branches de persil
- ✔ 1 cuil. à café de paprika
- ✔ Sel et poivre

Préparation

1. Mettez les œufs de caille à cuire dans une casserole d'eau bouillante pendant 5 minutes. Laissez refroidir puis écalez-les.
2. Coupez les œufs aux deux tiers et à l'aide d'une curette (ou avec le manche d'une petite cuillère en plastique) videz-les de leur jaune en faisant très attention à ne pas les percer.
3. Mélangez les jaunes d'œufs avec la mayonnaise et la crème. Salez, poivrez et ajoutez les feuilles d'une branche de persil hachées. Remplissez délicatement les blancs d'œufs de la préparation puis replacez le sommet des œufs. Piquez-les d'une pique, saupoudrez-les de paprika et décorez d'un brin de persil. Présentez les piques dans des verrines remplies de graines de nigelle ou de sésame.

Conseil : Prévoyez un peu plus d'œufs au cas où certains se briseraient au moment où vous les videz.

Œufs de caille sur rémoulade de surimi

Préparation : 20 minutes • Cuisson : 5 minutes
Difficulté : ★ Budget : ★★

Pour 6 verrines

- ✔ 12 œufs de caille
- ✔ 150 g de surimi râpé
- ✔ 120 g de fromage blanc
- ✔ 4 cuil. à soupe de mayonnaise
- ✔ Aneth
- ✔ 90 g d'œufs de truite
- ✔ Sel et poivre

Préparation

1. Faites bouillir de l'eau salée, plongez-y les œufs de caille et laissez cuire 5 minutes.
2. Retirez-les de l'eau bouillante et placez-les dans un saladier d'eau froide. Une fois totalement refroidis, retirez leurs coquilles.
3. Mélangez le surimi râpé avec le fromage blanc, la mayonnaise, 1 cuil. à soupe d'aneth ciselé, salez et poivrez.
4. Versez cette salade dans les verrines, déposez 2 œufs de caille écalés puis parsemez d'œufs de truite et décorez d'aneth.

Pamplemousse de la mer

Préparation : 15 minutes • Difficulté : ★ Budget : ★★

Pour 4 personnes

- ✔ 2 pamplemousses
- ✔ 200 g de crevettes roses
- ✔ 100 g de chair de crabe
- ✔ 1 poivron rouge
- ✔ 3 cuil. à soupe de mayonnaise
- ✔ Laitue

Préparation

1. Coupez les pamplemousses en deux. Ôtez leur chair, en récupérez-en le jus.
2. Décortiquez les crevettes. Réservez-en quatre, mettez le reste dans un bol avec la chair de crabe.
3. Lavez le poivron et coupez-le en petits dés. Ajoutez-les dans le bol avec la mayonnaise et le jus des pamplemousses. Mélangez bien.
4. Dans chaque moitié de pamplemousse, déposez quelques feuilles de laitue, puis ajoutez la préparation surmontée d'une crevette entière. Servez frais.

Panna cotta américaine

Préparation : 15 minutes • Repos : 3 heures • Cuisson : 5 minutes
Difficulté : ★ Budget : ★★

Pour 6 verrines

- ✔ 2 feuilles de gélatine
- ✔ 600 g de fromage frais Philadelphia®
- ✔ 10 cl de coulis de tomates
- ✔ 250 g de crevettes roses
- ✔ 100 g de mayonnaise
- ✔ 1 échalote
- ✔ 1 cuil. à soupe de bourbon
- ✔ Sel et poivre

Préparation

1. Mettez la gélatine à ramollir 10 minutes dans un bol d'eau froide.
2. Délayez à feu doux le fromage dans le coulis de tomates.
3. Décortiquez les crevettes, coupez-les grossièrement et mixez-les avec la mayonnaise, l'échalote et le bourbon.
4. Ajoutez-y le mélange fromage-coulis, puis salez et poivrez.
5. Répartissez la préparation dans 6 verrines et posez une crevette sur chacune d'elles. Laissez 3 heures au réfrigérateur avant de déguster.

Saint-Jacques à la mayonnaise de wasabi

Préparation : 15 minutes • Cuisson : 2 minutes
Difficulté : ★ Budget : ★★

Pour 4 personnes

- ✔ 20 noix de Saint-Jacques
- ✔ ½ oignon rouge
- ✔ Feuilles de coriandre
- ✔ 2 cuil. à soupe de mayonnaise
- ✔ 2 cuil. à soupe de crème entière
- ✔ ½ wasabi
- ✔ Le jus de 1 citron vert

Préparation

1. Poêlez les noix de Saint-Jacques à feu vif 1 minute de chaque côté. Réservez.
2. Ciselez finement l'oignon et la coriandre.
3. Préparez la sauce en mélangeant la mayonnaise, la crème et le wasabi.
4. Lorsque les noix sont refroidies, mélangez-les avec le jus de citron vert, l'oignon et la coriandre.
5. Mettez la mayonnaise dans une poche à douille et couvrez le dessus des Saint-Jacques.

Poulet à la mayonnaise et chutney de mangue

Préparation : 25 minutes • Cuisson : 40 minutes
Difficulté : ★ Budget : ★★

Pour 4 personnes

Pour le chutney

- ✔ 1 mangue
- ✔ 3 oignons
- ✔ Menthe
- ✔ Beurre
- ✔ Sel et poivre

Pour le poulet

- ✔ 400 g de blancs de poulet
- ✔ Huile d'olive
- ✔ 150 g de fromage blanc
- ✔ 2 cuil. à soupe de mayonnaise
- ✔ 1 cuil. à café de curry
- ✔ Feuilles de coriandre

Préparation

1. Préparez le chutney. Épluchez et détaillez la mangue en gros dés. Épluchez et émincez les oignons. Lavez et ciselez quelques feuilles de menthe.
2. Dans une sauteuse, faites fondre une noix de beurre. Ajoutez les oignons émincés et faites dorer quelques minutes. Versez les dés de mangue puis mélangez, salez et poivrez.
3. Laissez mijoter et compoter à feu doux pour 25 minutes. Si le mélange accroche le fond de la sauteuse, ajoutez un peu d'eau et réduisez le feu.
4. Préparez le poulet. Coupez les blancs de poulet en petits morceaux puis faites-les revenir dans une poêle légèrement huilée. Dans un bol à côté, mélangez le fromage blanc, la mayonnaise, le curry et le chutney. Quand le poulet est cuit, ajoutez la sauce et laissez mijoter à feu doux. Parsemez de coriandre ciselée et mélangez le tout.

Salade crémeuse de harengs

Préparation : 30 minutes • Cuisson : 20 minutes
Difficulté : ★ Budget : ★

Pour 4 personnes

- ✔ 300 g de pommes de terre
- ✔ 1 concombre
- ✔ 1 pomme
- ✔ 8 cornichons
- ✔ 3 filets de harengs doux
- ✔ 5 cuil. à soupe de crème fraîche épaisse allégée
- ✔ 2 cuil. à soupe de mayonnaise
- ✔ 2 branches d'aneth
- ✔ Tomates cerise
- ✔ Sel et poivre

Préparation

1. Épluchez et coupez les pommes de terre en dés. Mettez-les à cuire dans de l'eau bouillante salée 20 minutes. Contrôlez la cuisson avec la pointe d'un couteau puis égouttez-les et laissez-les refroidir.
2. Lavez le concombre et coupez-le en fines rondelles que vous placerez sur la paroi des verrines. Coupez le restant du concombre en petits dés ainsi que la pomme, coupez les cornichons en rondelles et le hareng en morceaux.
3. Mélangez le tout avec les pommes de terre. Ajoutez la crème, la mayonnaise, l'aneth ciselé, salez légèrement et poivrez. Mélangez bien et répartissez la salade dans les verrines.
4. Au moment de servir, décorez d'une rondelle de concombre, d'un quartier de tomate cerise et d'une pluche d'aneth.

Salade de poulet à la mayonnaise

Préparation : 20 minutes • Cuisson : 20 minutes
Difficulté : ★ Budget : ★

Pour 4 personnes

- ✔ 200 g de blancs de poulet
- ✔ 2 carottes
- ✔ 40 g de fromage blanc
- ✔ 2 cuil. à soupe de mayonnaise
- ✔ 2 œufs
- ✔ 1 pêche
- ✔ 8 feuilles de laitue

Préparation

1. Faites cuire les blancs de poulet puis coupez-les en morceaux.
2. Râpez les carottes.
3. Mixez ensemble le poulet, le fromage blanc, la mayonnaise et les carottes.
4. Laissez cuire les œufs dans de l'eau bouillante pendant 10 minutes. Attendez qu'ils refroidissent puis écalez-les et émiettez-les.
5. Dénoyautez la pêche et débitez-la en fines tranches.
6. Disposez 2 feuilles de laitue par assiette. Déposez-y la mixture de poulet et de l'œuf. Répartissez les tranches de pêche sur les assiettes et dégustez.

Salade océane

Préparation : 10 minutes • Cuisson : 6 minutes
Difficulté : ★ Budget : ★★

Pour 6 personnes

- ✔ 150 g de pâtes
- ✔ 100 g de fromage blanc
- ✔ 2 cuil. à soupe de mayonnaise
- ✔ Aneth
- ✔ 100 g de surimi râpé
- ✔ 100 g d'œufs de saumon
- ✔ 6 tomates cerise
- ✔ Sel et poivre

Préparation

1. Faites cuire les pâtes al dente. Une fois égouttées, passez-les sous l'eau froide afin de les refroidir immédiatement.
2. Versez les pâtes dans un plat, ajoutez le fromage blanc, la mayonnaise, 1 cuil. à soupe d'aneth ciselé, les deux tiers du surimi, salez et poivrez.
3. Versez cette salade dans les verrines, parsemez-la d'œufs de saumon et du restant de surimi.
4. Décorez d'aneth et d'une tomate cerise coupée en deux.

Salade piémontaise

Préparation : 20 minutes • Repos : 1 heure • Cuisson : 40 minutes
Difficulté : ★ Budget : ★

Pour 4 personnes

- ✔ 3 pommes de terre (grosses)
- ✔ 3 tomates
- ✔ 4 cornichons malossol (gros)
- ✔ 4 tranches de jambon blanc
- ✔ 3 œufs
- ✔ Huile d'olive
- ✔ 2 cuil. à soupe de mayonnaise
- ✔ Sel et poivre

Préparation

1. Faites cuire les pommes de terre dans de l'eau bouillante 30 minutes. Pendant ce temps, coupez les tomates en petits cubes, les cornichons en fines tranches et le jambon en petits carrés.
2. Laissez cuire les œufs dans l'eau bouillante durant 10 minutes. Attendez qu'ils refroidissent puis écalez-les et coupez-les en fines tranches.
3. Pelez les pommes de terre puis coupez-les en petits cubes. Mélangez-les avec le jambon, les œufs et les légumes, ajoutez 1 filet d'huile d'olive et la mayonnaise, salez et poivrez. Mélangez à nouveau. Mettez au réfrigérateur 1 heure avant de servir.

Salade russe

Préparation : 30 minutes • Repos : 1 heure • Cuisson : 25 minutes
Macération : 10 minutes • Difficulté : ★ Budget : ★★

Pour 4 personnes

- ✔ 200 g de carottes
- ✔ 500 g de pommes de terre
- ✔ 300 g de petits pois
- ✔ 4 œufs
- ✔ 50 g de cornichons
- ✔ Huile d'olive
- ✔ 5 cl de vinaigre de vin blanc
- ✔ 300 g de mayonnaise
- ✔ Poivre

Préparation

1. Épluchez les légumes. Coupez en petits dés les pommes de terre et les carottes.
2. Mettez avec les petits pois dans le cuit-vapeur durant 15 minutes, puis réservez.
3. Faites cuire les œufs durant 10 minutes dans de l'eau bouillante. Une fois refroidis, écalez-les.
4. Coupez en petits dés les cornichons.
5. Coupez les œufs en dés et ajoutez-les au mélange précédent.
6. Préparez la sauce. Mélangez un filet d'huile d'olive, le vinaigre et la mayonnaise. Poivrez puis ajoutez à la salade. Remuez bien et placez 1 heure au frais avant de déguster.

Salade Waldorf aux crevettes

Préparation : 15 minutes • Repos : 1 heure
Difficulté : ★ Budget : ★★

Pour 4 personnes

- ✔ 20 crevettes
- ✔ 1 pomme granny-smith
- ✔ 1 branche de céleri
- ✔ 800 g de raisin noir
- ✔ 1 cuil. à soupe de ciboulette ciselée
- ✔ 3 cuil. à soupe de mayonnaise
- ✔ 40 cl de fromage blanc
- ✔ 1 cuil. à soupe de moutarde
- ✔ Le jus de 1 citron
- ✔ 20 g d'estragon
- ✔ 50 g de noix
- ✔ Sel et poivre

Préparation

1. Décortiquez les crevettes. Coupez-les en morceaux.
2. Coupez la pomme en dés et le céleri en lamelles.
3. Mélangez les lamelles de céleri et les dés de pomme aux crevettes et ajoutez les raisins coupés en deux puis la ciboulette.
4. Dans un bol, mélangez la mayonnaise, le fromage blanc et la moutarde.
5. Ajoutez le jus de citron et l'estragon haché. Salez et poivrez, puis versez sur la salade.
6. Parsemez de noix concassées et laissez 1 heure au réfrigérateur avant de servir.

Sauce crémeuse pour frites

Préparation : 10 minutes • Difficulté : ★ Budget : ★

Pour 6 personnes

- ✔ 6 cuil. à soupe de mayonnaise
- ✔ 3 cuil. à soupe de yaourt brassé
- ✔ 1 gousse d'ail
- ✔ 1 cuil. à soupe de jus de citron
- ✔ 1 cuil. à café de sauce Worcestershire

Préparation

1. Battez la mayonnaise et le yaourt.
2. Ajoutez l'ail haché, le jus de citron et la sauce Worcestershire. Servez accompagné de frites ou de potatoes.

Sauce kebab

Préparation : 20 minutes • Cuisson : 15 minutes
Difficulté : ★ Budget : ★★

Pour 4 personnes

- ✔ Persil
- ✔ Menthe
- ✔ 3 cuil. à soupe de mayonnaise
- ✔ 4 yaourts brassés
- ✔ 1 gousse d'ail
- ✔ Sel et poivre

Préparation

1. Hachez finement le persil et la menthe.
2. Fouettez la mayonnaise, les yaourts et l'ail haché. Salez et poivrez.
3. Saupoudrez de menthe et de persil. Mélangez bien. Dégustez en accompagnement de vos grillades.

Tapas de dinde à l'aubergine

Préparation : 20 minutes • Cuisson : 30 minutes
Difficulté : ★ Budget : ★

Pour 6 personnes

- ✔ 1 baguette
- ✔ 1 aubergine
- ✔ 500 g de filets de dinde
- ✔ Beurre
- ✔ 1 gousse d'ail
- ✔ 1 citron
- ✔ 2 cuil. à soupe de mayonnaise
- ✔ 1 cuil. à café de coriandre moulue
- ✔ Sel

Préparation

1. Découpez la baguette en fines tranches pour obtenir une trentaine de toasts. Passez-les sous le gril du four 10 minutes. Réservez.
2. Épluchez l'aubergine, coupez-la en rondelles et faites-la cuire 10 minutes à la vapeur. Laissez ensuite refroidir puis écrasez à la fourchette.
3. Faites cuire les filets de dinde 10 minutes à la poêle avec un peu de beurre puis laissez-les refroidir. Effilochez-les.
4. Hachez l'ail. Pelez le citron et levez les suprêmes. Coupez-les en trois.
5. Dans un saladier, mélangez la dinde, l'aubergine, l'ail et la mayonnaise. Parsemez de coriandre, salez, puis mélangez à nouveau.
6. Répartissez le mélange sur les toasts et posez un morceau de citron sur chacun.

Terrine d'espadon

Préparation : 30 minutes • Repos : 12 heures • Cuisson : 40 minutes
Macération : 10 minutes • Difficulté : ★ Budget : ★★

Pour 4 personnes

- ✔ 1 échalote
- ✔ Huile d'olive
- ✔ 200 g d'espadon ultrafrais
- ✔ 20 g d'olives noires dénoyautées
- ✔ 1 branche de sauge
- ✔ 50 g de beurre
- ✔ Ciboulette
- ✔ 2 feuilles de gélatine
- ✔ 100 g de fèves
- ✔ 100 g de pois chiches en boîte
- ✔ 1 branche de romarin
- ✔ 5 œufs
- ✔ 100 g de mayonnaise
- ✔ 30 g de câpres
- ✔ Sel et poivre

Préparation

1. Faites revenir l'échalote hachée dans un filet d'huile, puis ajoutez l'espadon. Ajoutez les olives et la sauge puis laissez cuire pendant 5 minutes en retournant l'espadon à mi-cuisson.
2. Mixez le tout, puis ajoutez le beurre et la ciboulette. Salez et poivrez. Mélangez bien et réservez.
3. Mettez les feuilles de gélatine à ramollir 10 minutes dans un bol d'eau froide.
4. Faites cuire les fèves dans de l'eau bouillante durant 20 minutes, puis mixez-les avec les pois chiches.
5. Ajoutez le romarin, salez et poivrez. Passez cette préparation à la poêle 5 minutes avec la gélatine essorée, puis réservez.
6. Faites cuire les œufs durant 10 minutes dans de l'eau bouillante. Écalez-les, ne conservez que les jaunes. Mélangez-les avec la mayonnaise et les câpres, puis réservez.
7. Chemisez une terrine de film alimentaire, mettez successivement une couche de chaque préparation. Rabattez le film alimentaire afin de fermer la terrine puis placez-la au frais 12 heures minimum avant de déguster.

Tomates cocktail aux crevettes

Préparation : 30 minutes • Difficulté : ★ Budget : ★

Pour 6 personnes

- ✔ 25 tomates cocktail
- ✔ 1 cuil. à soupe de mayonnaise
- ✔ 1 jaune d'œuf
- ✔ 150 g de crevettes grises
- ✔ Persil plat

Préparation

1. Lavez les tomates soigneusement pour ne pas perdre la queue.
2. Ouvrez-les aux deux tiers et évidez-les. Vous pouvez également couper une fine pastille sous les tomates pour les aider à tenir droit sur le plat.
3. Travaillez la mayonnaise avec le jaune d'œuf, ajoutez les crevettes et 1 cuil. à soupe de persil ciselé. Remplissez les tomates cocktail de cette préparation, placez 1 feuille de persil et refermez les tomates. Réservez au frais.

Conseil : CES PETITES TOMATES SONT IDÉALES POUR UN APÉRITIF, MAIS VOUS POUVEZ AUSSI GARNIR DES TOMATES NORMALES EN GUISE D'ENTRÉE.

Verrines de crabe et guacamole

Préparation : 30 minutes • Difficulté : ★ Budget : ★★★

Pour 6 verrines

- ✔ 3 avocats bien mûrs
- ✔ 1 cuil. à soupe de crème fraîche épaisse
- ✔ 1 citron
- ✔ Piment en poudre
- ✔ 200 g de chair de crabe
- ✔ 2 cuil. à soupe de mayonnaise
- ✔ 6 radis
- ✔ Sel

Préparation

1. Placez la chair des avocats dans un bol mixeur avec la crème, le jus d'un demi-citron, une petite pincée de piment et mixez le tout jusqu'à l'obtention d'une purée bien lisse.
2. Salez et remplissez la moitié de chaque verrine de cette purée.
3. Égouttez la chair de crabe, mélangez-la au jus de citron restant et à la mayonnaise. Déposez ce mélange sur le guacamole et réservez au frais.
4. Au moment de servir, décorez de rondelles de radis.

Verrines océanes

Préparation : 30 minutes • Cuisson : 6 minutes
Difficulté : ★ Budget : ★★

Pour 4 verrines

- ✔ 120 g de pâtes perles (petites)
- ✔ 10 cl de crème liquide allégée
- ✔ 2 cuil. à soupe de mayonnaise
- ✔ 2 branches d'aneth
- ✔ 3 tomates
- ✔ 1 cuil. à soupe d'huile d'olive
- ✔ ½ cuil. à café de vinaigre balsamique
- ✔ 100 g de crevettes roses (petites)
- ✔ 2 tranches de saumon fumé
- ✔ 1 filet de hareng fumé
- ✔ Sel et poivre

Préparation

1. Faites cuire les petites pâtes al dente 6 minutes dans de l'eau bouillante salée. Une fois égouttées, passez-les sous l'eau froide afin de les refroidir.

2. Versez les pâtes dans un plat, ajoutez la crème, la mayonnaise, la moitié de l'aneth ciselé, salez, poivrez et mélangez.

3. Répartissez les pâtes dans les verrines. Épépinez les tomates et coupez leur chair en dés. Assaisonnez-les avec l'huile et le vinaigre. Répartissez les tomates dans les verrines.

4. Mélangez les crevettes, le saumon et le hareng coupés en morceaux et la seconde moitié d'aneth ciselé. Placez le tout dans les verrines. Décorez d'un peu d'aneth et de quelques billes de pâtes.

American makis

Préparation : 1 heure • Cuisson : 30 minutes
Difficulté : ★★ Budget : ★★

Pour 20 pièces

- ✔ 300 g de riz rond
- ✔ 8 cl de vinaigre de riz
- ✔ 1 cuil. à soupe de sucre
- ✔ 1 pavé de thon
- ✔ 1 avocat bien mûr
- ✔ 1 piment rouge
- ✔ 5 cuil. à soupe de ketchup
- ✔ 5 feuilles de nori
- ✔ Wasabi
- ✔ Sauce soja
- ✔ 1 cuil. à café de sel

Préparation

1. Faites cuire le riz dans une casserole avec 1 litre d'eau. Laissez bouillir 5 minutes puis mettez à feu doux et couvrez jusqu'à absorption complète de l'eau.
2. Mélangez le vinaigre, le sucre et le sel, puis ajoutez ce mélange au riz. Laissez refroidir.
3. Coupez le thon, l'avocat et le piment en bâtonnets.
4. Mettez le ketchup dans un bol. Roulez-y le thon pour que chaque face en soit recouverte, sauf les extrémités.
5. Disposez une feuille d'algue sur une natte puis étalez du riz sur un peu plus de la moitié de sa surface. Placez au centre du thon, de l'avocat, du piment et un peu de wasabi puis roulez le tout en vous aidant de la natte.
6. Coupez les rouleaux en petits tronçons et servez avec de la sauce soja.

Briochettes fourrées au jambon et au ketchup

Préparation : 15 minutes • Repos : 1 h 30 • Cuisson : 25 minutes
Difficulté : ★ Budget : ★

Pour 4 personnes

Pour les briochettes

- ✔ 1 œuf
- ✔ 20 cl de lait
- ✔ 1 cuil. à café de sel
- ✔ 60 g de beurre
- ✔ 400 g de farine
- ✔ 1,5 cuil. à café de levure chimique
- ✔ 1 jaune d'œuf

Pour la garniture

- ✔ 200 g de fromage frais Philadelphia®
- ✔ 150 g de jambon en dés
- ✔ 200 g de ketchup

Préparation

1. Préparez la garniture. Mélangez le Philadelphia, les dés de jambon et le ketchup.
2. Préparez la pâte. Mettez tous les ingrédients sauf 1 jaune d'œuf dans la cuve de la machine à pain selon l'ordre indiqué.
3. Sélectionnez le programme « Pâte ».
4. À la fin du programme, versez la pâte sur un plan de travail fariné et formez 8 pâtons.
5. Étalez chaque pâton et répartissez-y la garniture. Refermez les pâtons en soudant bien les bords.
6. Laissez reposer les pâtons, recouverts d'un torchon, dans un endroit tempéré et à l'abri des courants d'air. La pâte doit doubler de volume, ce qui prend environ 1 h 30.
7. Préchauffez le four à 180 °C (th. 6).
8. Badigeonnez les pâtons du jaune d'œuf dilué avec 2 cuil. à soupe d'eau puis mettez au four, soudure vers le dessous, pour 25 minutes.

Burgers de canard et frites de patate douce

Préparation : 30 minutes • Cuisson : 37 minutes
Difficulté : ★ Budget : ★★

Pour 4 personnes

- ✔ 3 patates douces
- ✔ 2 cuil. à soupe d'huile d'olive
- ✔ 2 magrets de canard
- ✔ 4 boules de pains
- ✔ 1 salade verte
- ✔ 1 tomate
- ✔ Ketchup
- ✔ Mayonnaise
- ✔ Sel et poivre

Préparation

1. Préchauffez le four à 200 °C (th. 6-7).
2. Épluchez et lavez les patates douces. Séchez-les soigneusement et coupez-les en frites. Placez-les dans un saladier et arrosez-les d'huile d'olive. Mélangez bien puis étalez-les sur une plaque de cuisson recouverte de papier sulfurisé. Mettez au four pour 20 minutes.
3. Pendant ce temps, retirez la graisse débordant sur les côtés des magrets de canard. Incisez la graisse restant de grands croisillons, salez et poivrez.
4. Mettez une poêle à chauffer puis commencez la cuisson des magrets côté peau pendant 10 minutes sur feu moyen pour que la graisse ne brûle pas. Retirez la graisse fondue puis retournez les magrets et poursuivez la cuisson 5 minutes.
5. Coupez les magrets en tranches et passez-les rapidement dans la poêle pour finir la cuisson.
6. Coupez les petits pains en deux et mettez-les à dorer avec les patates douces pendant les 5 dernières minutes de cuisson.
7. Montez les burgers avec de la salade, 1 rondelle de tomate et les tranches de magret. Servez avec les frites salées, une touche de ketchup et de mayonnaise.

Cake ketchup et saucisses cocktail

Préparation : 20 minutes • Cuisson : 30 minutes
Difficulté : ★ Budget : ★

Pour 6 personnes

- ✔ 3 œufs
- ✔ 200 g de farine
- ✔ 1 cuil. à café de levure chimique
- ✔ 6 cl d'huile d'olive
- ✔ 15 cl de lait
- ✔ 2 cuil. à soupe de ketchup
- ✔ 50 g d'emmental râpé
- ✔ 5 saucisses cocktail
- ✔ Sel et poivre

Préparation

1. Mélangez les œufs avec la farine, la levure, l'huile, le sel et le poivre. Ajoutez le lait tiédi, le ketchup et le fromage râpé. Mélangez bien.
2. Versez la préparation dans 15 moules à mini cake, préalablement beurrés et farinés ou en silicone. Coupez les saucisses en trois et placez-les au milieu de la pâte et enfoncez-les légèrement. Mettez au four pour 30 minutes à 180 °C (th. 6).
3. Attendez 10 minutes, démoulez et laissez refroidir sur une grille.

Chili con ketchup

Préparation : 15 minutes • Cuisson : 30 minutes
Difficulté : ★ Budget : ★

Pour 4 personnes

- ✔ 1 poivron vert
- ✔ 2 oignons
- ✔ 1 cuil. à café d'huile
- ✔ 500 g de viande hachée
- ✔ 50 cl de ketchup
- ✔ 400 g de haricots rouges
- ✔ 1 cuil. à café de piment en poudre
- ✔ Sel et poivre

Préparation

1. Émincez finement le poivron épépiné. Réservez.
2. Faites revenir les oignons émincés dans une grande sauteuse avec l'huile. Quand ils commencent à fondre, ajoutez la viande. Faites revenir pendant 5 minutes puis ajoutez le poivron.
3. Mouillez avec le ketchup et allongez avec 2 verres d'eau. Laissez frémir pendant 15 minutes.
4. Ajoutez les haricots égouttés. Salez, poivrez, et ajoutez le piment. Poursuivez la cuisson sur feu doux pendant 10 minutes.

Chips de légumes et chantilly de ketchup

Préparation : 25 minutes • Cuisson : 30 minutes
Difficulté : ★ Budget : ★

Pour 6 personnes

- ✔ 1 betterave crue
- ✔ 1 pomme de terre vitelotte
- ✔ 1 carotte
- ✔ Huile à frire
- ✔ Sel

Pour la chantilly

- ✔ 20 cl de crème liquide
- ✔ 2 cuil. à soupe de ketchup

Préparation

1. Épluchez les légumes, lavez-les et essuyez-les soigneusement.
2. À l'aide d'une mandoline, coupez les légumes en très fines rondelles. Pour la carotte, commencez par la couper en biais au milieu ainsi les tranches seront ovales et plus grandes.
3. Alignez les tranches de légumes sur du papier absorbant avant de les passer dans l'huile chauffée à 190 °C pendant 30 à 40 secondes par petites quantités. Égouttez sur du papier absorbant puis salez.
4. Égouttez les carottes dès qu'elles commencent à brunir et finissez de les assécher dans un four à 90 °C (th. 3) pendant 30 minutes.
5. Montez la crème entière en chantilly. Ajoutez ensuite le ketchup puis mélangez délicatement à la spatule. Servez en accompagnement des chips de légumes.

Cocktail de gambas

Préparation : 20 minutes • Cuisson : 35 minutes
Difficulté : ★★ Budget : ★★★

Pour 6 verrines

- ✔ 6 feuilles de brick
- ✔ 30 g de beurre
- ✔ 30 gambas
- ✔ 3 cuil. à soupe de mayonnaise
- ✔ 2 cuil. à soupe de ketchup
- ✔ 1 cuil. à soupe de whisky
- ✔ Tabasco®
- ✔ 12 asperges vertes
- ✔ 50 g de graines germées

Préparation

1. Préchauffez le four à 180 °C (th. 6).
2. Coupez les feuilles de brick afin d'obtenir des disques de 20 cm de diamètre. Badigeonnez-les de beurre fondu et placez-les dans des coupelles allant au four et largement beurrées (ces coupelles devront être de même diamètre que les verrines utilisées pour la présentation). Formez des corolles évasées et maintenez-les en place avec une boule de papier sulfurisé placée au centre. Mettez au four 10 minutes.
3. Lorsque les corolles sont bien dorées, démoulez-les, placez le fond vers le haut et continuez la cuisson 10 minutes afin de les faire dorer.
4. À la fin de la cuisson, les corolles doivent être entièrement dorées. Réservez dans un endroit sec.
5. Décortiquez les gambas en laissant l'extrémité de la queue. Mélangez la mayonnaise, le ketchup, le whisky et quelques gouttes de Tabasco.
6. Épluchez et faites cuire les asperges.
7. Au moment de servir, placez quelques graines germées dans les verrines, positionnez les corolles, mettez 2 gambas au fond et 1 cuil. à café de sauce. Placez 2 asperges, des gambas à cheval sur la corolle et des graines germées au centre. Servez accompagné d'une coupelle de sauce.

Cuisse de poulet au ketchup et potatoes

Préparation : 25 minutes • Repos : 2 heures • Cuisson : 50 minutes
Difficulté : ★ Budget : ★

Pour 4 personnes

- ✔ 4 cuisses de poulet

Pour la marinade

- ✔ 4 cuil. à soupe de ketchup
- ✔ 1 cuil. à soupe de sauce Worcestershire
- ✔ 1 cuil. à soupe d'huile d'olive
- ✔ Le jus de ½ citron
- ✔ 2 cuil. à café d'herbes de Provence
- ✔ Sel et poivre

Pour les potatoes

- ✔ 600 g de pommes de terre
- ✔ 1 cuil. à soupe d'huile d'olive
- ✔ 2 cuil. à café de paprika
- ✔ 1 cuil. à café d'herbes de Provence

Préparation

1. Mélangez tous les ingrédients de la marinade, badigeonnez-en les cuisses puis placez-les dans un plat recouvert d'un film alimentaire et laissez reposer 2 heures au frais.
2. Épluchez les pommes de terre, coupez-les en gros quartiers. Placez-les dans un saladier, arrosez-les d'huile d'olive, de paprika et d'herbes. Mélangez bien puis répartissez-les sur une plaque de cuisson recouverte de papier de cuisson et placez-les au four 20 minutes à 210 °C (th. 7). Une fois cuites, réservez.
3. Placez les cuisses de poulet dans un plat et mettez à cuire 30 minutes à 200 °C (th. 6-7). Ajoutez de la marinade au pinceau à plusieurs reprises. Hors du four, couvrez d'une feuille d'aluminium et laissez reposer 10 minutes.
4. Pendant ce temps, terminez la cuisson des pommes de terre, puis servez l'ensemble accompagné de salade.

Conseil : À défaut de sauce Worcestershire, utilisez de la sauce soja.

Dips sauce paprika-ketchup

Préparation : 20 minutes • Difficulté : ★ Budget : ★

Pour 12 petites verrines

Pour la sauce paprika-ketchup

- ✔ 300 g de fromage blanc
- ✔ 5 cuil. à café de ketchup
- ✔ 1 cuil. à café de paprika
- ✔ Sel

Pour les dips

- ✔ 2 carottes
- ✔ ½ concombre
- ✔ ½ courgette
- ✔ 12 tomates cerise
- ✔ 12 radis

Préparation

1. Préparez la sauce en mélangeant les ingrédients et répartissez dans les petites verrines.
2. Épluchez les carottes et coupez-les en bâtonnets. Coupez également le concombre et la courgette sans les éplucher.
3. Placez des bâtonnets de légumes dans les verrines, fendez les tomates cerise et les radis pour les placer sur le bord.

Flan de carottes au ketchup et chantilly

Préparation : 25 minutes • Cuisson : 55 minutes
Difficulté : ★ Budget : ★

Pour 4 personnes

- ✔ 400 g de carottes
- ✔ 15 cl de crème fraîche épaisse allégée
- ✔ 3 cuil. à soupe de ketchup
- ✔ 1 cuil. à café de cumin en poudre
- ✔ 1 œuf
- ✔ 1 jaune d'œuf
- ✔ Sel et poivre

Pour la crème

- ✔ 8 portions de Kiri®
- ✔ 25 cl de crème fleurette
- ✔ Poivre

Préparation

1. Épluchez et coupez les carottes en morceaux. Faites-les cuire à l'eau bouillante 25 minutes.
2. Mettez la crème à chauffer à feu doux pendant 3 minutes avec le ketchup. Salez, poivrez et ajoutez le cumin.
3. Mixez ensemble les carottes cuites, la crème et les œufs.
4. Versez dans des ramequins individuels et mettez au four à 180 °C (th. 6) pendant 20 minutes.
5. Préparez la chantilly au Kiri. Dans une petite casserole, faites fondre sur feu doux le Kiri avec la crème. Poivrez légèrement. Laissez refroidir avant de placer la crème au Kiri dans un siphon avec une cartouche de gaz. Secouez le siphon avant de le placer au réfrigérateur 1 heure.
6. Secouez à nouveau le siphon et servez la mousse en accompagnement des flans.

Gratin de coquillettes au ketchup

Préparation : 15 minutes • Cuisson : 58 minutes
Difficulté : ★ Budget : ★

Pour 4 personnes

- ✔ 300 g de coquillettes
- ✔ 1 poivron rouge
- ✔ 1 aubergine
- ✔ Huile d'olive
- ✔ 50 cl de coulis de tomates
- ✔ 5 cuil. à soupe de ketchup
- ✔ 200 g d'emmental râpé
- ✔ Sel et poivre

Préparation

1. Faites cuire les coquillettes dans de l'eau bouillante salée. Égouttez-les lorsqu'elles sont cuites al dente et laissez refroidir.
2. Préchauffez le four à 180 °C (th. 6).
3. Coupez le poivron en lamelles. Immergez-les dans un bol d'eau et passez-les 5 minutes au four à micro-ondes.
4. Coupez l'aubergine en fines lamelles. Passez-les 15 minutes au four à micro-ondes.
5. Débitez les légumes en petits cubes. Mélangez aux pâtes avec un filet d'huile d'olive.
6. Mélangez le coulis de tomates et le ketchup, salez et poivrez. Ajoutez aux pâtes.
7. Placez dans un plat à gratin, saupoudrez d'emmental puis enfournez pour 30 minutes. Faites ensuite dorer au gril pour 3 minutes.

Hamburger d'agneau à la mozzarella

Préparation : 10 minutes • Cuisson : 5 minutes
Difficulté : ★ Budget : ★★

Pour 4 personnes

- ✔ 400 g d'agneau haché
- ✔ 1 échalote
- ✔ 2 cuil. à soupe de persil haché
- ✔ 4 pains à hamburger
- ✔ 1 courgette
- ✔ Huile d'olive
- ✔ Ketchup
- ✔ 8 tranches de mozzarella
- ✔ Sel et poivre

Préparation

1. Mélangez à la cuillère le haché d'agneau avec l'échalote et le persil. Façonnez 8 steaks d'agneau haché de 1 cm d'épaisseur, légèrement plus larges que les pains.
2. Faites griller au four côté mie les pains coupés en deux.
3. Coupez la courgette crue en très fines rondelles (elles doivent être transparentes).
4. Poêlez rapidement à feu vif les steaks hachés avec un filet d'huile d'olive. Salez, poivrez.
5. Montez les hamburgers. Mettez un filet de ketchup sur la première moitié du pain.
6. Posez le premier steak puis une fine couche de rondelles de courgette crue disposées en rosace, ensuite la tranche de mozzarella et recommencez avec le deuxième steak, courgette et mozzarella. Recouvrez avec l'autre moitié du pain. Pressez légèrement.
7. Passez le hamburger au four pour 2 minutes à 200 °C (th. 6-7).

Hot dog

Préparation : 10 minutes • Cuisson : 5 minutes
Difficulté : ★ Budget : ★

Pour 4 personnes

- ✔ 4 saucisses de Francfort
- ✔ 2 oignons
- ✔ ½ cuil. à soupe d'huile de tournesol
- ✔ 4 pains à hot dog
- ✔ 100 g de cheddar
- ✔ 4 cuil. à soupe de ketchup

Préparation

1. Faites cuire les saucisses sur la grille du barbecue pendant 2 minutes.
2. Faites revenir l'oignon haché dans une casserole avec l'huile pendant 3 minutes.
3. Ouvrez les pains à hot-dog. Déposez-y des oignons, une saucisse, du ketchup et du cheddar râpé. Réchauffez sur la grille du barbecue pendant 1 minute.

Ketchup cake

Préparation : 15 minutes • Cuisson : 30 minutes
Difficulté : ★ Budget : ★

Pour 6 personnes

- ✔ 3 œufs
- ✔ 200 g de farine
- ✔ 1 cuil. à café de levure chimique
- ✔ 5 cl d'huile d'olive
- ✔ 15 cl de lait
- ✔ 50 g d'emmental râpé
- ✔ 4 cuil. à soupe de ketchup
- ✔ 200 g de surimi
- ✔ Basilic
- ✔ Sel et poivre

Préparation

1. Mélangez les œufs avec la farine, la levure, l'huile, le sel et le poivre. Ajoutez le lait tiédi et l'emmental râpé. Mélangez bien. Ajoutez le ketchup, le surimi coupé en tronçons et 1 cuil. à soupe de basilic haché.
2. Versez la préparation dans 6 moules à mini cake préalablement beurrés ou en silicone. Mettez au four 30 minutes à 180 °C (th. 6).
3. Attendez 5 minutes, démoulez et laissez refroidir sur une grille.

Pain de viande au ketchup

Préparation : 30 minutes • Cuisson : 1 heure
Difficulté : ★ Budget : ★

Pour 6 personnes

Pour le pain de viande

- ✔ 1 oignon
- ✔ 3 tranches de pain de mie
- ✔ 650 g de viande de bœuf hachée
- ✔ 100 g de ketchup
- ✔ 1 œuf
- ✔ Beurre
- ✔ Sel et poivre

Pour la sauce

- ✔ 1 cuil. à soupe de cassonade
- ✔ 1 cuil. à café de moutarde
- ✔ 3 cuil. à soupe de ketchup

Préparation

1. Épluchez les oignons et émincez-les très finement.
2. Déchiquetez les tranches de pain de mie.
3. Préchauffez le four à 180 °C (th. 6).
4. Mélangez les oignons, le pain de mie, le bœuf et le ketchup. Ajoutez l'œuf battu, salez et poivrez. Versez la préparation dans un plat à four rectangulaire beurré.
5. Préparez la sauce. Mélangez la cassonade, la moutarde et le ketchup.
6. Étalez la sauce sur le dessus du pain de viande et mettez au four pour 1 heure. Servez froid ou chaud.

CONSEIL : PRÉPAREZ UNE SAUCE AU CHEDDAR POUR NAPPER LE PAIN DE VIANDE ; FAITES FONDRE DU CHEDDAR AVEC UN PEU DE CRÈME LIQUIDE.

Panna cotta au ketchup et chips de bacon

Préparation : 25 minutes • Repos : 2 heures • Cuisson : 10 minutes
Difficulté : ★ Budget : ★

Pour 4 verrines

- ✔ 25 cl de crème liquide entière
- ✔ 15 cl de lait
- ✔ 3 cuil. à soupe de ketchup
- ✔ 1 g d'agar-agar
- ✔ 4 tranches de bacon
- ✔ 1 cuil. à soupe de pignons de pin

Préparation

1. Versez dans une casserole la crème liquide, le lait, le ketchup et faites chauffer. Ajoutez l'agar-agar et portez à ébullition. Versez dans les verrines et laissez refroidir, puis placez au frais pour 2 heures.
2. Préparez les chips. Préchauffez le four à 220 °C (th. 7-8). Placez le bacon sur du papier sulfurisé et mettez-le au four pour 5 minutes. Il doit ressortir croustillant.
3. Faites dorer à sec les pignons dans une poêle, puis réservez.
4. Au moment de servir, déposez une chips sur la panna cotta et ajoutez quelques pignons de pin.

Pizza texane

Préparation : 10 minutes • Cuisson : 20 minutes
Difficulté : ★ Budget : ★

Pour 4 personnes

- ✔ 1 poivron rouge
- ✔ 1 poivron vert
- ✔ 1 piment
- ✔ 2 tomates
- ✔ 1 pâte à pizza
- ✔ 3 cuil. à soupe de ketchup
- ✔ 4 tranches de bacon
- ✔ 50 g de cheddar
- ✔ 1 cuil. à café d'origan

Préparation

1. Préchauffez le four à 210 °C (th. 7). Coupez les poivrons et le piment en dés, les tomates en rondelles.
2. Étalez la pâte sur une plaque allant au four. Couvrez de ketchup et disposez dessus les dés de légumes et les tomates. Répartissez ensuite le bacon et le cheddar coupés en lamelles. Ajoutez de l'origan et mettez au four pour 20 minutes.

Pommes de terre grillées au ketchup

Préparation : 15 minutes • Cuisson : 45 minutes
Marinade : 3 heures • Difficulté : ★ Budget : ★

Pour 4 personnes

- ✔ 3 gousses d'ail
- ✔ 10 cl d'huile d'olive
- ✔ Le jus de 1 citron
- ✔ 3 cuil. à soupe de ketchup
- ✔ 1 cuil. à soupe de paprika
- ✔ 4 grosses de pommes de terre
- ✔ Sel et poivre

Préparation

1. Hachez finement les gousses d'ail.
2. Mélangez l'huile d'olive, le jus de citron, l'ail, le ketchup et le paprika. Salez et poivrez.
3. Lavez les pommes de terre et fendez-les en deux.
4. Enduisez les pommes de terre avec le mélange ketchup-paprika et laissez macérer 3 heures au frais.
5. Préchauffez le four à 220 °C (th. 7-8).
6. Placez chaque pomme de terre dans une papillote de papier sulfurisé puis mettez au four pour 45 minutes.

Pop-corn au ketchup

Préparation : 30 minutes • Cuisson : 25 minutes
Difficulté : ★ Budget : ★

Pour 6 personnes

- ✔ 2 cuil. à soupe d'huile de tournesol
- ✔ 80 g de maïs à pop-corn
- ✔ 20 g de beurre salé
- ✔ 2 cuil. à soupe de ketchup
- ✔ 1 cuil. à soupe de sucre
- ✔ 1 cuil. à soupe de paprika
- ✔ Sel

Préparation

1. Mettez l'huile à chauffer dans une grande sauteuse. Ajoutez le maïs, couvrez et attendez que le maïs éclate.
2. Secouez régulièrement afin que tous les grains éclatent.
3. Préchauffez le four à 130 °C (th. 4-5).
4. Dans une casserole, faites fondre le beurre avec le ketchup, le sucre, le paprika et le sel.
5. Versez le mélange chaud sur le pop-corn pour l'enrober.
6. Étalez le pop-corn sur une plaque de cuisson et faites-le sécher au four 20 minutes en remuant de temps en temps.

Poulet au ketchup

Préparation : 10 minutes • Cuisson : 50 minutes
Difficulté : ★ Budget : ★

Pour 4 personnes

- ✔ 30 cl de coulis de tomates
- ✔ 2 gousses d'ail
- ✔ 1 oignon
- ✔ 2 cuil. à soupe de ketchup
- ✔ 1 cuil. à soupe d'huile d'olive
- ✔ 1 cuil. à soupe de vinaigre
- ✔ 1 cuil. à soupe d'origan séché
- ✔ 1 poulet (1 kg)
- ✔ Sel et poivre

Préparation

1. Mélangez le coulis de tomates, les gousses d'ail entières, l'oignon émincé et 20 cl d'eau. Réservez dans un plat allant au four.
2. Préchauffez le four à 220 °C (th. 7-8).
3. Mélangez le ketchup, l'huile et le vinaigre. Ajoutez l'origan, salez et poivrez. Badigeonnez-en le poulet. Versez le reste de cette marinade dans le coulis de tomates.
4. Placez le poulet dans le plat et enfournez pour 50 minutes. Arrosez de temps en temps et retournez à mi-cuisson.

Poulet du général Tao

Préparation : 25 minutes • Cuisson : 24 minutes • Difficulté : ★
Budget : ★★

Pour 4 personnes

- ✔ 500 g de hauts de cuisse de poulet
- ✔ 2 cuil. à soupe de Maïzena®
- ✔ 1 œuf
- ✔ 3 cuil. à soupe de farine
- ✔ ½ cuil. à café de levure chimique
- ✔ 1 cuil. à soupe d'huile à frire
- ✔ Sel

Pour la sauce

- ✔ 3 cuil. à soupe d'huile de sésame
- ✔ 1 cuil. à soupe de gingembre râpé
- ✔ ½ oignon
- ✔ 1 cuil. à soupe de vinaigre blanc
- ✔ 60 g de sucre
- ✔ 1 cuil. à soupe de Maïzena®
- ✔ 1 cuil. à soupe de sauce soja
- ✔ 1 cuil. à soupe de miel
- ✔ 2 cuil. à soupe de ketchup

Préparation

1. Coupez le poulet en cubes. Enrobez-les de Maïzena.
2. Dans un bol, mélangez l'œuf, la farine, la levure et le sel. Trempez-y les cubes de poulet.
3. Dans une poêle, faites chauffer l'huile à frire sur feu vif. Laissez cuire le poulet 10 minutes en remuant souvent. Réservez.
4. Préparez la sauce. Faites cuire à feu vif l'huile de sésame, le gingembre et l'oignon émincé pendant 3 minutes. Ajoutez 5 cl d'eau, le vinaigre et le sucre. Laissez mijoter à feu doux 5 minutes.
5. Délayez la Maïzena dans la sauce soja. Ajoutez le miel et le ketchup, puis faites mijoter 3 minutes. La sauce doit épaissir. Faites ensuite réchauffer le poulet dans cette sauce durant 3 minutes. Servez sur un lit de riz blanc.

Purée au ketchup et au jambon

Préparation : 20 minutes • Cuisson : 20 minutes • Difficulté : ★
Budget : ★

Pour 4 personnes

- ✔ 1 kg de pommes de terre
- ✔ 20 cl de crème liquide
- ✔ 20 cl de ketchup
- ✔ 4 tranches de jambon blanc
- ✔ Sel et poivre

Préparation

1. Faites bouillir de l'eau salée dans une grande casserole.
2. Nettoyez les pommes de terre, épluchez-les et coupez-les en morceaux de taille égale. Plongez-les dans l'eau bouillante durant 20 minutes environ.
3. Vérifiez la cuisson des pommes de terre à l'aide de la pointe d'un couteau.
4. Égouttez le tout et écrasez avec une fourchette ou un presse-purée. Incorporez la crème liquide et le ketchup en mélangeant. Salez et poivrez.
5. Coupez le jambon en lamelles et ajoutez-le à la purée au moment de servir.

Quiche au ketchup

Préparation : 15 minutes • Cuisson : 40 minutes • Difficulté : ★
Budget : ★

Pour 4 personnes

- ✔ 2 tomates
- ✔ 2 tranches de jambon blanc
- ✔ 1 boule de mozzarella
- ✔ 3 cuil. à café de basilic
- ✔ 25 cl de crème liquide
- ✔ 2 œufs
- ✔ 1 cuil. à café de paprika
- ✔ 5 cuil. à soupe de ketchup
- ✔ 1 pâte feuilletée
- ✔ 1 cuil. à soupe de moutarde
- ✔ Sel et poivre

Préparation

1. Préchauffez le four à 210 °C (th. 7).
2. Coupez les tomates en rondelles, tranchez le jambon en lamelles et détaillez la mozzarella en cubes. Hachez finement le basilic.
3. Fouettez la crème, les œufs, le paprika et le ketchup. Salez et poivrez légèrement.
4. Badigeonnez le fond de tarte d'une fine couche de moutarde puis placez-y la mozzarella et le jambon. Versez le mélange de crème et disposez les rondelles de tomate sur le dessus. Parsemez de basilic.
5. Mettez au four pour 40 minutes (le dessus doit être bien doré).

Rillettes de thon au ketchup

Préparation : 5 minutes • Difficulté : ★ Budget : ★

Pour 6 personnes

- ✔ 190 g de thon au naturel en boîte
- ✔ Le jus de ½ citron
- ✔ 150 g de fromage frais Philadelphia®
- ✔ 2 cuil. à soupe de ketchup
- ✔ 2 échalotes
- ✔ 2 cuil. à soupe de basilic
- ✔ Piment d'Espelette en poudre
- ✔ Sel

Préparation

1. Émiettez le thon dans un grand bol. Arrosez avec le jus de citron, puis ajoutez le fromage frais, le ketchup, les échalotes coupées en petits morceaux et le basilic ciselé.
2. Mélangez. Salez légèrement et ajoutez quelques pincées de piment d'Espelette.
3. Étalez sur des crackers ou de fines tranches de pain grillé et dégustez.

Röstis au ketchup

Préparation : 20 minutes • Cuisson : 5 minutes • Difficulté : ★
Budget : ★

Pour 6 personnes

- ✔ 1 oignon
- ✔ Huile d'olive
- ✔ 500 g de pommes de terre
- ✔ 2 œufs
- ✔ 40 g d'emmental râpé
- ✔ 10 cl de ketchup
- ✔ 2 cuil. à soupe de chapelure
- ✔ 2 gousses d'ail
- ✔ 1 cuil. à soupe de basilic
- ✔ Sel et poivre

Préparation

1. Émincez finement l'oignon et faites-le fondre sans le laisser colorer dans un peu d'huile d'olive.
2. Passez les pommes de terre à la grosse râpe en laissant la peau, mélangez-les avec l'oignon, ajoutez les œufs battus en omelette, le fromage, le ketchup, la chapelure, l'ail finement haché et le basilic. Salez et poivrez.
3. Faites chauffer un peu d'huile d'olive dans une grande poêle. Avec une cuillère à soupe, déposez un petit tas de préparation et étalez-le avec le dos de la cuillère. Laissez cuire 2 minutes environ sur chaque face. Quand les röstis sont bien dorés, placez-les sur un papier absorbant pour retirer l'excès d'huile.

Sauce cocktail

Préparation : 10 minutes • Difficulté : ★ Budget : ★

Pour 8 personnes

- ✔ 2 jaunes d'œufs
- ✔ 1 cuil. à soupe de vinaigre de vin
- ✔ 1 cuil. à café de moutarde
- ✔ 20 cl d'huile d'olive
- ✔ 10 cl d'huile de colza
- ✔ 1 cuil. à soupe de ketchup
- ✔ 1 cuil. à soupe de whisky
- ✔ Sel et poivre

Préparation

1. Mélangez les jaunes d'œufs avec le vinaigre et la moutarde jusqu'à l'obtention d'une crème.
2. Versez les huiles sans cesser de remuer, salez, poivrez et ajoutez le ketchup et le whisky.

CONSEIL : CETTE SAUCE EST PARFAITE AVEC LES CRUDITÉS ET LES SAUCISSES.

Tartare à la grecque au ketchup

Préparation : 30 minutes • Repos : 3 heures • Difficulté : ★★
Budget : ★

Pour 6 personnes

- ✔ 4 tomates
- ✔ 2 concombres
- ✔ Basilic
- ✔ 1 cuil. à soupe de crème fraîche épaisse
- ✔ 4 cuil. à soupe de ketchup
- ✔ 2 cuil. à soupe d'huile d'olive
- ✔ 1 cuil. à soupe de vinaigre balsamique
- ✔ 150 g de feta
- ✔ Tapenade noire
- ✔ Sel et poivre

Préparation

1. Plongez les tomates 30 secondes dans l'eau bouillante. Pelez-les, épépinez-les puis coupez-les en tout petits dés. Pelez les concombres, puis râpez-les.
2. Faites dégorger séparément les tomates et les concombres dans deux passoires avec une pincée de sel pendant au moins 2 heures.
3. Dans un bol, mélangez ensuite le concombre avec la poignée de basilic ciselé, la crème fraîche, le ketchup et 1 cuil. à soupe d'huile d'olive. Dans un autre bol, mélangez les tomates avec le reste d'huile d'olive et le vinaigre balsamique. Salez et poivrez.
4. Répartissez en tassant légèrement une couche de concombre, une couche de feta émiettée et une couche de tomates dans des ramequins. Réservez 1 heure au frais.
5. Au moment de servir, démoulez sur des assiettes, en entourant ces tartares de vinaigre balsamique ou d'huile d'olive mélangée à de la tapenade.

Travers d'agneau au miel

Préparation : 15 minutes • Repos : 30 minutes •
Cuisson : 40 minutes • Difficulté : ★ Budget : ★★

Pour 4 personnes

- ✔ 2 travers d'agneau
- ✔ 1 cuil. à soupe de miel
- ✔ 2 cuil. à soupe de sauce soja
- ✔ 1 cuil. à soupe de vinaigre balsamique
- ✔ 2 cuil. à soupe de ketchup
- ✔ 2 cuil. à café de cumin en poudre
- ✔ 1 cuil. à soupe de coriandre (hachée)
- ✔ Sel et poivre

Préparation

1. Dégraissez un maximum les travers d'agneau et séparez les côtes.
2. Préparez la marinade en mélangeant tous les ingrédients. À l'aide d'un pinceau, nappez chaque travers de marinade puis placez-les dans un plat et laissez reposer au frais 30 minutes.
3. Mettez le four à chauffer à 210 °C (th. 7) puis mettez les travers à griller pour 40 minutes en les retournant régulièrement.

CONSEIL : UNE CUISSON AU BARBECUE EST BIEN SÛR IDÉALE À LA BELLE SAISON.

Velouté de carottes au ketchup

Préparation : 15 minutes • Cuisson : 1 h 20 • Difficulté : ★ Budget : ★

Pour 4 personnes

- ✔ 500 g de carottes
- ✔ 500 g de pommes de terre
- ✔ 1 l de bouillon de légumes
- ✔ 1 branche de thym
- ✔ 3 feuilles de laurier
- ✔ 5 cuil. à soupe de ketchup
- ✔ Sel et poivre

Préparation

1. Épluchez et coupez en cubes les carottes et les pommes de terre.
2. Mettez les légumes dans une grande casserole et couvrez avec le bouillon. Ajoutez le thym et le laurier, salez et poivrez.
3. Laissez cuire 20 minutes à petits bouillons.
4. Retirez le thym et le laurier. Ajoutez le ketchup et mixez la soupe au mixeur plongeant. Rectifiez l'assaisonnement si nécessaire.
5. Versez dans des bocaux ou des bouteilles et stérilisez pendant 1 heure.

Whoopies tomate séchée et ketchup

Préparation : 20 minutes • Cuisson : 20 minutes • Difficulté : ★
Budget : ★

Pour 15 whoopies

Pour la base

- ✔ 1 œuf
- ✔ 100 g de beurre mou
- ✔ 250 g de farine
- ✔ ½ sachet de levure chimique
- ✔ 10 cl de lait
- ✔ 75 g de caviar de tomates séchées
- ✔ Sel

Pour la ganache

- ✔ 20 cl de crème liquide
- ✔ 150 g de fromage frais Philadelphia®
- ✔ 5 cuil. à soupe de ketchup
- ✔ Poivre

Préparation

1. Battez l'œuf en omelette et ajoutez le beurre. Fouettez l'ensemble afin d'obtenir un mélange lisse. Ajoutez la farine et la levure tamisées puis mélangez en versant le lait. Ajoutez pour finir le caviar de tomates séchées. Salez si nécessaire.
2. Préchauffez le four à 180 °C (th. 6).
3. Chemisez 2 plaques de cuisson avec du papier sulfurisé. Déposez la pâte à whoopies dans une poche avec une douille lisse. Réalisez une trentaine de tas réguliers.
4. Enfournez les plaques l'une après l'autre. Faites-les cuire chacune 10 minutes. Laissez refroidir dès la sortie du four.
5. Préparez la ganache. Mettez la crème à chauffer dans une casserole. Faites-y fondre le fromage frais puis ajoutez le ketchup. Poivrez et réservez au frais.
6. Déposez 1 cuil. à café de ganache sur un biscuit puis posez dessus un second biscuit. Soudez les 2 parties en pressant légèrement l'ensemble. Réalisez ainsi une quinzaine de whoopies salés. Dégustez.

Cabillaud rôti à la moutarde

Préparation : 10 minutes • Cuisson : 20 minutes • Difficulté : ★
Budget : ★★

Pour 4 personnes

- ✔ Huile d'olive
- ✔ 4 filets de cabillaud
- ✔ 45 g de moutarde
- ✔ 45 g de chapelure
- ✔ Persil
- ✔ Sel et poivre

Préparation

1. Préchauffez votre four à 180 °C (th. 6).
2. Huilez légèrement votre plat. Placez-y les filets de poisson et tartinez-les de moutarde.
3. Recouvrez avec la chapelure, le persil ciselé puis 3 cuil. à soupe d'huile d'olive. Salez et poivrez.
4. Placez au four et laissez cuire 20 minutes.

Conseil : servez avec des tomates au four, saupoudrées de chapelure et d'herbes de Provence.

Cake à la bière, au jambon et à la moutarde

Préparation : 20 minutes • Cuisson : 45 minutes • Difficulté : ★
Budget : ★

Pour 6-8 personnes

- ✔ 3 œufs
- ✔ 150 g de farine
- ✔ 1 sachet de levure chimique
- ✔ 5 cl d'huile d'olive
- ✔ 10 cl de lait
- ✔ 5 cl de bière blonde
- ✔ 100 g de cheddar râpé
- ✔ 150 g de jambon fumé en dés
- ✔ 1 cuil. à soupe de moutarde à l'ancienne
- ✔ Sel

Préparation

1. Préchauffez le four à 180 °C (th. 6).
2. Dans un saladier, fouettez les œufs avec la farine et la levure.
3. Versez l'huile d'olive, le lait et la bière. Mélangez. Ajoutez le cheddar, le jambon et la moutarde. Salez légèrement.
4. Versez la préparation dans un moule à cake.
5. Enfournez pour 45 minutes. Dégustez tiède ou froid.

CONSEIL : POUR VOS BUFFETS OU APÉRITIFS, METTEZ LA PRÉPARATION DANS DES MINI MOULES À CAKE.

Cake à la dinde et aux poivrons

Préparation : 15 minutes • Cuisson : 50 minutes • Difficulté : ★
Budget : ★

Pour 6 personnes

- ✔ 1 poivron rouge
- ✔ 1 poivron vert
- ✔ 5 cl d'huile d'olive
- ✔ 3 œufs
- ✔ 200 g de farine
- ✔ 1 cuil. à café de levure chimique
- ✔ 15 cl de lait
- ✔ 50 g d'emmental râpé
- ✔ 200 g de blancs de dinde rôtis
- ✔ 2 cuil. à soupe de moutarde à l'ancienne
- ✔ Sel et poivre

Préparation

1. Coupez les poivrons en petits morceaux et faites-les dorer 10 minutes dans un peu d'huile d'olive.
2. Mélangez les œufs avec la farine, la levure, l'huile, le sel et le poivre. Ajoutez le lait tiédi et l'emmental râpé. Mélangez bien. Ajoutez le blanc de dinde rôti coupé en dés, les poivrons et la moutarde.
3. Versez la préparation dans un moule à cake préalablement beurré ou un moule en silicone.
4. Mettez au four pour 40 minutes à 180 °C (th. 6).
5. Attendez 10 minutes, démoulez et laissez refroidir sur une grille.

Cheesecake à la moutarde et aux olives

Préparation : 30 minutes • Repos : 1 h 30 + 1 nuit • Cuisson : 30 minutes • Difficulté : ★ Budget : ★★

Pour 6 personnes

Pour la base

- ✔ 150 g de biscuits apéritif
- ✔ 60 g de beurre

Pour le cheesecake

- ✔ 400 g de St Môret®
- ✔ 200 g de fromage blanc
- ✔ 3 œufs
- ✔ 2 cuil. à soupe de moutarde
- ✔ 50 g d'olives vertes
- ✔ Sel et poivre

Préparation

1. Réduisez les biscuits salés en poudre avec un robot mixeur. Faites fondre le beurre au micro-ondes et ajoutez-le aux biscuits. Mélangez puis versez le tout dans 6 moules à charnière de 12 cm de diamètre avec une feuille de papier sulfurisé dans le fond. Tassez bien à l'aide d'une cuillère à soupe. Placez au frais 30 minutes.
2. Préchauffez le four à 150 °C (th. 5).
3. Fouettez le fromage frais avec le fromage blanc puis ajoutez un à un les œufs en mélangeant bien entre deux. Ajoutez la moutarde, les olives coupées en rondelles, salez légèrement et poivrez. Versez cette préparation dans les moules et lissez la surface.
4. Mettez au four pour 30 minutes puis laissez les cheesecakes 1 heure dans le four éteint. Placez-les ensuite une nuit au frais.
5. Servez bien frais avec une salade de roquette.

Chou-fleur à la moutarde

Préparation : 20 minutes • Cuisson : 25 minutes • Difficulté : ★
Budget : ★

Pour 6 personnes

- ✔ 1 chou-fleur
- ✔ Le jus de 1 citron
- ✔ 1 cuil. à soupe de moutarde
- ✔ 4 jaunes d'œufs
- ✔ 50 g de beurre
- ✔ Sel et poivre

Préparation

1. Faites bouillir de l'eau dans une grande casserole. Nettoyez le chou-fleur : retirez les feuilles et les peaux blanches puis écartez les bouquets en évitant de les séparer. Lavez-les et mettez-les dans l'eau bouillante pour 15 minutes environ.
2. Dans une casserole au bain-marie, mélangez au fouet le jus de citron, la moutarde et les jaunes d'œufs. Incorporez le beurre coupé en cubes au fur et à mesure sans cesser de mélanger. La sauce doit devenir mousseuse. Salez et poivrez.
3. Égouttez le chou-fleur. Dressez dans des assiettes et ajoutez la sauce encore chaude avant de servir.

Maquereaux sauce moutarde

Préparation : 20 minutes • Cuisson : 50 minutes • Difficulté : ★
Budget : ★★

Pour 3 bocaux

- ✔ 50 cl de vin blanc sec
- ✔ 20 cl de vinaigre blanc
- ✔ 1 cuil. à soupe de gros sel
- ✔ 3 cuil. à soupe de moutarde
- ✔ 100 g d'oignons blancs
- ✔ 2 carottes
- ✔ 12 filets de maquereau
- ✔ 3 feuilles de laurier
- ✔ 3 branches de thym

Préparation

1. Faites chauffer le vin, le vinaigre et le sel. Lorsque le mélange frémit, ajoutez la moutarde et mélangez.
2. Détaillez les oignons et les carottes en fines lamelles.
3. Dans trois bocaux, déposez les filets de maquereaux, les légumes et les aromates.
4. Ajoutez le mélange encore chaud. Fermez à l'aide d'un joint en caoutchouc.
5. Plongez les bocaux fermés dans une cocotte et faites stériliser pendant 40 minutes environ. Laissez refroidir.

Escalope de poulet en croûte de moutarde

Préparation : 20 minutes • Cuisson : 1 h 15 • Difficulté : ★ Budget : ★

Pour 4 personnes

- ✔ 4 cuil. à soupe d'huile d'olive
- ✔ 4 cuil. à soupe de moutarde
- ✔ 4 escalopes de poulet
- ✔ 100 g de chapelure
- ✔ 50 g de beurre

Pour la purée

- ✔ 1 kg de pommes de terre
- ✔ 3 cuil. à soupe de crème fraîche épaisse
- ✔ Sel et poivre

Préparation

1. Préchauffez le four à 180 °C (th. 6).
2. Mélangez l'huile et la moutarde. Enrobez de ce mélange les escalopes et recouvrez de chapelure.
3. Déposez le poulet dans un plat beurré et ajoutez une noix de beurre sur chaque escalope.
4. Passez au four pour 45 minutes en beurrant à nouveau les escalopes si besoin.
5. Préparez la purée. Épluchez les pommes de terre, lavez-les et coupez-les en gros cubes. Faites-les cuire dans de l'eau bouillante salée pendant 30 minutes.
6. Égouttez-les et passez-les au presse-purée. Mélangez bien puis ajoutez la crème. Mélangez à nouveau, salez et poivrez. Servez accompagné du poulet.

Filets de poulet sauce yaourt-moutarde

Préparation : 15 minutes • Cuisson : 18 minutes • Difficulté : ★
Budget : ★

Pour 4 personnes

- ✔ 1 cuil. à soupe d'huile d'olive
- ✔ 1 oignon
- ✔ 4 filets de poulet

Pour la sauce

- ✔ 3 cuil. à soupe de moutarde
- ✔ 2 yaourts nature
- ✔ Cumin en poudre

Préparation

1. Dans une poêle, faites chauffer l'huile d'olive. Ajoutez l'oignon émincé et laissez-le blondir 3 minutes. Faites ensuite cuire les filets 5 minutes de chaque côté. En fin de cuisson, ajoutez un verre d'eau, recouvrez et laissez mijoter sur feu doux 5 minutes.
2. Préparez la sauce. Mélangez la moutarde, les yaourts et une pincée de cumin. Versez-la sur la viande puis retirez du feu. Servez chaud accompagné de riz.

Glace à la moutarde

Préparation : 40 minutes • Cuisson : 40 minutes • Congélation : 4 heures • Difficulté : ★ Budget : ★

Pour 6 personnes

- ✔ 12 cl de crème liquide
- ✔ 12 cl de lait entier
- ✔ 65 g de sucre
- ✔ 4 jaunes d'œufs
- ✔ 1 cuil. à soupe de moutarde
- ✔ 2 cuil. à café de graines de moutarde

Préparation

1. Dans une casserole, portez à ébullition la crème et le lait.
2. Dans un bol, mélangez le sucre et les jaunes d'œufs. Ajoutez à la crème. Prolongez la cuisson sur feu doux.
3. Hors du feu, ajoutez la moutarde et les graines.
4. Placez l'appareil dans une sorbetière et faites turbiner pendant 30 minutes. Mettez ensuite la glace au congélateur.

Hot dog à la chantilly de moutarde

Préparation : 15 minutes • Repos : 2 heures • Cuisson : 6 minutes • Difficulté : ★ Budget : ★

Pour 4 personnes

- ✔ 20 cl de crème fleurette
- ✔ 2 cuil. à soupe de moutarde
- ✔ 4 saucisses de Francfort
- ✔ 2 oignons
- ✔ ½ cuil. à soupe d'huile de tournesol
- ✔ 4 pains à hot dog
- ✔ 100 g de cheddar
- ✔ 4 cuil. à soupe de ketchup
- ✔ Sel et poivre

Préparation

1. Préparez la chantilly. Versez la crème et la moutarde dans un siphon. Salez et poivrez. Agitez le siphon, mettez la cartouche de gaz et placez au réfrigérateur pour 2 heures.
2. Faites cuire les saucisses sur la grille du barbecue pendant 2 minutes.
3. Faites revenir les oignons hachés dans une casserole avec l'huile pendant 3 minutes.
4. Ouvrez les pains à hot dog. Déposez-y des oignons, une saucisse, du ketchup et du cheddar râpé. Réchauffez sur la grille du barbecue pendant 1 minute.
5. Agitez la chantilly puis déposez-en sur les hot dogs avant de servir.

Lapin à la moutarde

Préparation : 15 minutes • Cuisson : 25 minutes • Difficulté : ★
Budget : ★★

Pour 4 à 6 personnes

- ✔ 6 cuisses de lapin
- ✔ 4 cuil. à soupe de moutarde
- ✔ 30 g de beurre
- ✔ 1 cuil. à café de thym
- ✔ 25 cl de vin blanc sec
- ✔ 20 cl de crème liquide entière
- ✔ Sel et poivre

Préparation

1. Préchauffez le four à 210 °C (th. 7).
2. Badigeonnez les morceaux de lapin de moutarde, puis déposez-les dans un plat à four. Parsemez-les de copeaux de beurre et saupoudrez de thym. Salez, poivrez, arrosez de vin blanc et enfournez pendant 10 minutes environ.
3. Retournez les cuisses, arrosez-les de jus de cuisson, ajoutez des copeaux de beurre et un peu de thym, salez, poivrez et enfournez à nouveau pour une dizaine de minutes.
4. Mettez les morceaux de lapin de côté et posez le plat contenant la sauce de cuisson sur feu doux. Ajoutez la crème fleurette et 1 cuil. à soupe de moutarde. Laissez cuire en remuant 1 ou 2 minutes.
5. Servez le lapin nappé de sauce.

Conseil : vous pouvez également utiliser des épaules ou des gigolettes de lapin. Vous pouvez ajouter des lardons poêlés, des rondelles de carotte et des rattes du Touquet. Vous pouvez remplacer le lapin par des ailes de poulet ou des cuisses de dinde.

Mini moelleux de crabe au cœur de moutarde

Préparation : 20 minutes • Repos : 1 heure • Cuisson : 15 minutes
Difficulté : ★ Budget : ★

Pour 8 moelleux

Pour les moelleux

- ✔ 8 cuil. à soupe de moutarde à l'ancienne
- ✔ 100 g de chair de crabe
- ✔ 20 cl de lait
- ✔ 30 g de beurre
- ✔ 100 g d'emmental
- ✔ 3 œufs
- ✔ 60 g de farine
- ✔ Sel et poivre

Pour le glaçage

- ✔ 100 g de ricotta
- ✔ 20 cl de crème liquide
- ✔ 50 g de graines de lin

Préparation

1. Placez au congélateur 8 petits tas de moutarde à l'ancienne pour 1 heure.
2. Préchauffez le four à 210 °C (th. 7).
3. Émiettez et égouttez la chair de crabe.
4. Dans une casserole, faites chauffer le lait, le beurre et l'emmental durant 10 minutes.
5. Battez les œufs en omelette puis versez la farine progressivement.
6. Ajoutez le contenu de la casserole. Mélangez pour obtenir une pâte homogène et incorporez le crabe. Salez et poivrez.
7. Répartissez l'appareil dans 8 caissettes en papier placées dans des moules à muffin. Placez un glaçon de moutarde dans chaque moelleux et recouvrez de pâte.
8. Mettez sur une plaque et enfournez pour 15 minutes. Laissez refroidir à la sortir du four.
9. Préparez le glaçage. Mélangez la ricotta et la crème. Recouvrez-en le dessus de chaque muffin et parsemez de graines de lin.

Moules à la moutarde

Préparation : 30 minutes • Cuisson : 15 minutes • Difficulté : ★
Budget : ★

Pour 6 personnes

- ✔ 6 l de moules
- ✔ 40 g de margarine
- ✔ 3 échalotes
- ✔ 30 cl de vin blanc sec
- ✔ 20 cl de crème fraîche épaisse
- ✔ 2 cuil. à soupe de moutarde
- ✔ Sel et poivre

Préparation

1. Grattez les moules et lavez-les. Réservez-les dans une grande bassine d'eau fraîche.
2. Dans une grande cocotte, faites fondre la margarine et mettez les échalotes hachées à suer et fondre sur feu doux 2 minutes.
3. Ajoutez les moules et arrosez de vin blanc. Salez légèrement et poivrez. Couvrez et faites cuire 10 minutes jusqu'à ce que toutes les moules soient ouvertes.
4. Retirez les moules, filtrez le jus de cuisson puis ajoutez la crème et la moutarde, mélangez et portez à ébullition. Replacez les moules dans la cocotte et mélangez délicatement. Servez bien chaud.

CONSEIL : VOUS POUVEZ UTILISER DE LA MOUTARDE À L'ANCIENNE.

Œufs à la moutarde

Préparation : 10 minutes • Cuisson : 10 minutes • Difficulté : ★
Budget : ★

Pour 4 personnes

- ✔ 4 œufs
- ✔ 4 petits-suisses
- ✔ Persil
- ✔ 50 g de moutarde
- ✔ 12 cl de crème fraîche épaisse
- ✔ Le jus de 1 citron
- ✔ Sel et poivre

Préparation

1. Plongez les œufs dans une casserole d'eau bouillante et laissez-les cuire 10 minutes. Refroidissez-les sous l'eau et écalez-les. Coupez les œufs en deux et retirez les jaunes.
2. Dans un bol, mélangez les petits-suisses, les jaunes écrasés, le persil haché et 1 cuil. à soupe de moutarde. Salez et poivrez. Mélangez bien pour obtenir une pâte homogène.
3. Déposez les demi-blancs d'œufs sur un plat et garnissez-les de la préparation.
4. Battez la crème fraîche, 1 cuil. à café de moutarde et quelques gouttes de jus de citron. Nappez les œufs avec cette sauce.

Conseil : Conservez au frais 1 heure avant de servir.

Orecchiette au beurre de moutarde

Préparation : 10 minutes • Cuisson : 10 minutes • Difficulté : ★
Budget : ★

Pour 4 personnes

- ✔ 250 g d'orecchiette
- ✔ 50 g de beurre mou
- ✔ 1 cuil. à soupe de moutarde
- ✔ 4 tranches de jambon blanc
- ✔ 12 tomates cerise
- ✔ 1 cuil. à soupe de basilic
- ✔ Sel et poivre

Préparation

1. Portez à ébullition 1 litre d'eau salée. Faites cuire les pâtes durant 10 minutes.
2. Mélangez le beurre mou avec la moutarde. Salez et poivrez.
3. Égouttez les pâtes et ajoutez le beurre de moutarde.
4. Coupez le jambon en lanières. Coupez les tomates en deux.
5. Ajoutez le jambon, les tomates et le basilic aux pâtes. Servez chaud.

Pain à la moutarde et aux noisettes

Préparation : 20 minutes • Repos : 1 nuit + 1 heure • Cuisson : 30 minutes • Difficulté : ★★ Budget : ★

Pour 1 pain de 500 g

- ✔ 150 g de farine complète
- ✔ 250 g de farine type 55
- ✔ 60 g de farine de seigle
- ✔ 3 cuil. à soupe d'huile de noix
- ✔ 2 cuil. à soupe de moutarde
- ✔ 2 cuil. à café de levain (déshydraté)
- ✔ 5 g de sel
- ✔ 50 g de graines de moutarde
- ✔ 60 g de noisettes

Préparation

1. La veille, mélangez la farine complète avec 15 cl d'eau de source et environ ½ cuil. à café de levain. Pétrissez bien et laissez reposer à couvert pendant toute la nuit.
2. Le lendemain matin, ajoutez les autres ingrédients avec 13 cl d'eau de source tiède sauf les noisettes et pétrissez bien. Ajoutez ensuite les fruits secs et pétrissez de nouveau. Façonnez le pâton en boule en ayant pris soin de fariner le plan de travail. Laissez-le reposer recouvert d'un torchon à l'abri des courants d'air pendant environ 1 heure.
3. Pendant ce temps, placez la lèchefrite en bas du four et préchauffez-le à 250 °C (th. 8-9).
4. Déposez votre pâton sur la plaque du four, incisez-le sur le dessus sur une profondeur de 5 mm environ. Très rapidement, déposez la plaque au milieu du four et jetez un verre d'eau dans la lèchefrite pour donner le coup de buée. Refermez la porte.
5. Baissez à 230 °C (th. 7-8) et laissez cuire 30 minutes jusqu'à ce que le pain brunisse. Laissez refroidir avant de déguster.

Panna cotta moutarde et chips de parmesan

Préparation : 25 minutes • Repos : 2 heures • Cuisson : 10 minutes • Difficulté : ★ Budget : ★

Pour 4 verrines

- ✔ 25 cl de crème liquide entière
- ✔ 15 cl de lait
- ✔ 5 cuil. à café de moutarde
- ✔ 1 g d'agar-agar
- ✔ 200 g de parmesan râpé
- ✔ 50 g de graines de moutarde

Préparation

1. Versez dans une casserole la crème, le lait, la moutarde et faites chauffer. Ajoutez l'agar-agar et portez à ébullition. Versez dans les verrines et laissez refroidir, puis placez au frais pour 2 heures.
2. Préparez les chips. Faites des petits tas de parmesan râpé sur du papier sulfurisé. Passez au gril pendant 5 minutes. Décollez délicatement les chips et laissez-les refroidir.
3. Faites dorer à sec les graines dans une poêle, puis réservez.

Poulet à la moutarde à l'ancienne

Préparation : 30 minutes • Cuisson : 1 heure •
Difficulté : ★ Budget : ★★

Pour 4 personnes

- ✔ 4 cuisses de poulet
- ✔ 2 cuil. à soupe de moutarde à l'ancienne
- ✔ 1 cuil. à café de thym
- ✔ 2 feuilles de laurier
- ✔ Sel et poivre

Pour la purée de patates douces

- ✔ 4 patates douces
- ✔ 2 cuil. à soupe de crème fraîche épaisse
- ✔ Sel et poivre

Préparation

1. Badigeonnez les cuisses de poulet de moutarde à l'ancienne. Placez-les dans un panier du cuit vapeur, salez, poivrez. Saupoudrez de thym et ajoutez les feuilles de laurier. Mettez à cuire pour 40 minutes.
2. Épluchez les patates douces, coupez-les en gros morceaux et placez-les dans un second panier vapeur. Poursuivez la cuisson 20 minutes.
3. Réduisez les patates douces en purée, ajoutez la crème, salez et poivrez.
4. Servez les cuisses de poulet accompagnées de purée présentée en quenelles.

Rémoulade au saumon mariné

Préparation : 30 minutes • Repos : 1 h 30 • Difficulté : ★ Budget : ★★

Pour 4 personnes

- ✔ 3 pavés de saumon
- ✔ Le jus de 1 citron
- ✔ 3 cuil. à soupe d'huile d'olive
- ✔ 1 céleri-rave
- ✔ 6 carottes
- ✔ 1 jaune d'œuf
- ✔ Sucre
- ✔ 1 cuil. à café de moutarde
- ✔ 20 cl d'huile de tournesol
- ✔ 1 cuil. à soupe de vinaigre balsamique
- ✔ Sel et poivre

Préparation

1. Coupez les pavés de saumon en lanières d'environ 0,5 cm de large. Mettez-les dans un plat, ajoutez le jus de citron et l'huile d'olive, mélangez et laissez mariner 1 heure au frais.
2. Épluchez le céleri et les carottes. Râpez-les avec la grosse grille et réservez.
3. Réunissez dans un grand bol le jaune d'œuf, une pincée de sucre et la moutarde. Salez et poivrez. Incorporez l'huile en filet, en fouettant sans cesse pour obtenir une mayonnaise ferme. Ajoutez le vinaigre à la fin et fouettez encore quelques secondes.
4. Dans un saladier, mélangez les carottes, le céleri et la mayonnaise, remuez et laissez reposer 30 minutes au frais.
5. Servez la salade en disposant les lanières de saumon dessus.

Conseil : POUR UN CÔTÉ SUCRÉ-SALÉ, AJOUTEZ DES RAISINS SECS À LA SALADE.

Rillettes de maquereau

Préparation : 15 minutes • Repos : 15 minutes •
Difficulté : ★ Budget : ★

Pour 4 personnes

- ✔ 180 g de filets de maquereau
- ✔ Le jus de ½ citron
- ✔ 2 cuil. à café de moutarde
- ✔ 100 g de beurre mou
- ✔ 4 cuil. à soupe de crème fraîche épaisse allégée
- ✔ 10 brins de ciboulette
- ✔ 1 échalote
- ✔ Sel et poivre

Préparation

1. Émiettez les filets de maquereau à l'aide d'une fourchette, ajoutez 3 cuil. à soupe de jus de citron, la moutarde et le beurre tempéré, mélangez bien.
2. Ajoutez ensuite la crème, la ciboulette ciselée, l'échalote finement hachée, salez et poivrez.
3. Conservez au frais dans une boîte hermétique.
4. Sortez les rillettes du réfrigérateur 15 minutes avant de servir. Servez accompagné de crackers.

Rôti de dinde à l'espuma de moutarde

Préparation : 35 minutes • Cuisson : 2 h 15 •
Difficulté : ★ Budget : ★★

Pour 6 personnes

- ✔ 1 rôti de dinde (de 800 g environ)
- ✔ 1 oignon
- ✔ 15 cl de vin rosé
- ✔ 1 bouquet garni
- ✔ Herbes de Provence
- ✔ 3 tomates
- ✔ 2 cuil. à soupe de crème fraîche épaisse allégée

Pour l'espuma

- ✔ 1 feuille de gélatine
- ✔ 2 cuil. à soupe de vin blanc
- ✔ 4 cuil. à soupe de moutarde
- ✔ 2 cuil. à café de vinaigre blanc
- ✔ 3 cuil. à soupe d'huile d'olive
- ✔ Sel et poivre

Préparation

1. Dans une cocotte, mettez le rôti à dorer puis réservez.
2. Dans cette même cocotte, faites revenir l'oignon quelques instants puis déposez le rôti. Versez ensuite le rosé avec le bouquet garni et les herbes. Faites cuire 45 minutes à feu doux.
3. Lavez les tomates et coupez-les en rondelles. Ajoutez-les au rôti avec la crème et faites cuire à feu doux pendant 1 h 20, en retournant le rôti de temps en temps.
4. Préparez l'espuma. Plongez la gélatine dans un bol d'eau froide durant 5 minutes puis essorez-la.
5. Portez le vin à ébullition et, hors du feu, faites-y fondre la gélatine.
6. Ajoutez la moutarde, le vinaigre, l'huile d'olive et 2 cuil. à soupe d'eau. Salez et poivrez.
7. Filtrez le mélange puis versez-le dans un siphon. Mettez la capsule de gaz, secouez et mettez au réfrigérateur pour 1 heure.
8. Servez la viande chaude accompagnée de l'espuma.

Salade de lentilles aux magrets séchés

Préparation : 20 minutes • Repos : 30 minutes • Cuisson : 20 minutes
Difficulté : ★ Budget : ★★

Pour 4 verrines

- ✔ 200 g de lentilles vertes
- ✔ 2 carottes
- ✔ Thym
- ✔ Laurier
- ✔ 3 cuil. à café de moutarde à l'ancienne
- ✔ 2 cuil. à soupe d'huile d'olive
- ✔ 2 échalotes
- ✔ 100 g de magrets de canard séchés
- ✔ 50 g de croûtons

Préparation

1. Lavez les lentilles à l'eau froide et plongez-les dans 3 fois leur volume d'eau salée.
2. Ajoutez les carottes coupées en petits morceaux, du thym, une feuille de laurier et portez à ébullition puis laissez mijoter à feu doux pendant 20 minutes.
3. Égouttez et versez dans un saladier. Ajoutez la moutarde, l'huile et les échalotes hachées.
4. Coupez la moitié des filets de magrets séchés et mélangez-les aux lentilles.
5. Laissez reposer 30 minutes.
6. Remplissez les verrines, décorez de magrets roulés sur eux-mêmes et de croûtons. Servez aussitôt.

Saucisse de Morteau en croûte

Préparation : 15 minutes • Cuisson : 50 minutes • Difficulté : ★
Budget : ★

Pour 6 personnes

- ✔ 2 saucisses de Morteau
- ✔ 3 cuil. à soupe de moutarde
- ✔ 2 cuil. à soupe d'herbes de Provence
- ✔ 1 pâte feuilletée
- ✔ 1 jaune d'œuf

Préparation

1. Plongez les saucisses dans l'eau frémissante durant 20 minutes. Laissez-les tiédir hors de l'eau.
2. Faites préchauffer le four à 180 °C (th. 6).
3. Recouvrez les saucisses de moutarde et saupoudrez d'herbes de Provence.
4. Étalez la pâte feuilletée et coupez-la en deux. Piquez la pâte à l'aide d'une fourchette.
5. Roulez chaque saucisse dans l'une des moitiés de pâte, fermez bien les extrémités.
6. Badigeonnez de jaunes d'œufs et mettez au four pour 30 minutes.

Sole à la moutarde

Préparation : 20 minutes • Cuisson : 10 minutes • Difficulté : ★★
Budget : ★★

Pour 4 personnes

- ✔ 8 têtes de brocolis
- ✔ 8 filets de sole
- ✔ 4 champignons chinois séchés
- ✔ 2 oignons
- ✔ 2 citrons
- ✔ 20 cl de crème fraîche liquide allégée
- ✔ 2 cuil. à café de moutarde
- ✔ Persil
- ✔ Sel et poivre

Préparation

1. Faites cuire les brocolis 10 minutes dans de l'eau bouillante.
2. Faites griller les filets de sole 4 minutes de chaque côté.
3. Émincez les champignons.
4. Hachez les oignons.
5. Coupez un citron en rondelles et pressez le jus de l'autre.
6. Mélangez le jus de citron avec la crème, la moutarde, les champignons et les oignons. Faites revenir cette sauce 2 minutes à la poêle.
7. Versez la sauce sur les filets de sole. Servez avec les brocolis et parsemez d'un peu de persil.
8. Salez, poivrez et décorez avec des rondelles de citron.

Soufflé au fromage et à la moutarde

Préparation : 15 minutes • Cuisson : 35 minutes • Difficulté : ★
Budget : ★

Pour 4 personnes

- ✔ 20 g de Maïzena®
- ✔ 25 cl de lait
- ✔ ½ cuil. à café de noix de muscade en poudre
- ✔ 1 cuil. à soupe de moutarde
- ✔ 50 g de fromage râpé
- ✔ 3 œufs
- ✔ Beurre
- ✔ Farine
- ✔ Sel et poivre

Préparation

1. Préchauffez le four à 180 °C (th. 6).
2. Délayez la Maïzena dans 5 cl de lait.
3. Faites bouillir le restant de lait avec la muscade, la moutarde, une pincée de sel et du poivre.
4. Incorporez la Maïzena délayée et mélangez, sur feu doux, jusqu'à épaississement.
5. Hors du feu, incorporez le fromage, les jaunes d'œufs et mélangez bien.
6. Battez les blancs d'œufs en neige et incorporez-les délicatement au reste de la préparation.
7. Beurrez et farinez un moule à soufflé et incorporez-y la préparation.
8. Enfournez pour 30 minutes. Démoulez et servez aussitôt.

CONSEIL : UN SOUFFLÉ SE PRÉPARE À LA DERNIÈRE MINUTE, VOIRE QUAND LES INVITÉS SONT DÉJÀ LÀ.

Tarte aux tomates et à la moutarde

Préparation : 45 minutes • Repos : 30 minutes • Cuisson : 30 minutes
Difficulté : ★★ Budget : ★

Pour 6 personnes

Pour la pâte brisée

- ✔ 250 g de farine
- ✔ 125 g de beurre
- ✔ 1 jaune d'œuf
- ✔ Sel

Pour la garniture

- ✔ 4 tomates
- ✔ 2 cuil. à soupe de moutarde
- ✔ 40 g de fromage râpé
- ✔ Basilic
- ✔ 2 cuil. à soupe d'huile d'olive
- ✔ Sel et poivre

Préparation

1. Faites un puits avec la farine et mettez au centre le beurre tempéré coupé en cubes, le sel et sablez du bout des doigts. Ajoutez le jaune d'œuf, commencez à mélanger du bout des doigts et ajoutez un peu d'eau, petit à petit, jusqu'à obtention d'une boule.
2. Placez celle-ci au frais pour 30 minutes.
3. Étalez la pâte et placez-la dans un moule beurré et fariné. Piquez le fond avec une fourchette et replacez la tourtière au frais 10 minutes.
4. Coupez les tomates en rondelles. Étalez la moutarde sur le fond de pâte, placez les rondelles de tomates, salez et poivrez. Couvrez de fromage râpé, saupoudrez de basilic et versez l'huile d'olive en filet sur toute la tarte.
5. Mettez au four pour 30 minutes à 200 °C (th. 6-7).

Tomates farcies au thon

Préparation : 20 minutes • Difficulté : ★ Budget : ★

Pour 4 personnes

- ✔ 8 tomates
- ✔ 200 g de thon au naturel en boîte
- ✔ 100 g de St Môret®
- ✔ 1 cuil. à soupe de moutarde
- ✔ 2 échalotes (hachées)
- ✔ 1 cuil. à soupe de persil haché
- ✔ 1 cuil. à soupe de ciboulette ciselée
- ✔ 140 g de maïs en boîte
- ✔ 4 olives noires
- ✔ Sel et poivre

Préparation

1. Coupez le chapeau des tomates et évidez-les. Réservez.
2. Égouttez le thon, émiettez-le et travaillez-le à la fourchette avec le fromage frais et la moutarde. Ajoutez les échalotes, les herbes et le maïs, mélangez bien. Salez légèrement et poivrez.
3. Remplissez les tomates de préparation au thon, décorez d'olives noires et de persil.
4. Réservez au frais.

Travers de porc moutarde curcuma

Préparation : 30 minutes • Cuisson : 40 minutes • Difficulté : ★★
Budget : ★★

Pour 4 personnes

- ✔ 1 citron
- ✔ 1 orange
- ✔ 1 gousse d'ail
- ✔ 1 oignon
- ✔ 100 g de miel
- ✔ 50 g de moutarde à l'ancienne
- ✔ Huile d'olive
- ✔ 2 kg de travers de porc
- ✔ Sel et poivre du moulin

Pour la sauce

- ✔ 5 tomates
- ✔ 1 poivron rouge
- ✔ 2 gousses d'ail
- ✔ 1 tranche de pain rassis
- ✔ Huile d'olive
- ✔ Curcuma
- ✔ 1 cuil. à soupe de vinaigre de Xérès
- ✔ Sel et poivre vert

Préparation

1. Préchauffez le four à 210 °C (th. 7).
2. Prélevez le zeste des agrumes et pressez-les. Épluchez l'ail et l'oignon. Mixez les zestes, les jus, l'ail, l'oignon, le miel, la moutarde, de l'huile, du sel et du poivre.
3. Coupez la viande en morceaux puis badigeonnez chaque morceau avec la préparation.
4. Enfournez le plus haut possible sur une grille au-dessus de la lèchefrite. Faites cuire 40 minutes en retournant les travers toutes les 10 minutes. À la fin de la cuisson, la viande doit être caramélisée.
5. Préparez la sauce : émondez les tomates puis concassez-les. Coupez le poivron en petits dés. Hachez l'ail. Découpez le pain en morceaux.
6. Faites revenir le pain et l'ail dans un peu d'huile d'olive. Réservez.
7. Dans la même poêle, faites cuire le poivron et les tomates avec un peu de curcuma.
8. Mixez le tout avec le vinaigre de Xéres et un peu de sel. Ajoutez le poivre.
9. Servez la viande avec la sauce à part. Accompagnez de pommes de terre sautées ou de riz.

Welsh

Préparation : 15 minutes • Cuisson : 15 minutes • Difficulté : ★
Budget : ★

Pour 6 personnes

- ✔ 6 tranches de pain de campagne
- ✔ 800 g de cheddar
- ✔ 60 cl de bière
- ✔ 2 cuil. à soupe de moutarde
- ✔ Poivre

Préparation

1. Faites griller les tranches de pain sous le gril ou au grille-pain.
2. Dans une casserole, faites fondre le cheddar râpé avec la bière jusqu'à ce que le mélange soit homogène et fluide. Ajoutez la moutarde et poivrez.
3. Placez le pain grillé dans une assiette creuse ou un petit plat individuel à gratin et versez le fromage fondu dessus.
4. Faites gratiner sous le gril et servez aussitôt.

Conseil : VOUS POUVEZ POSER UNE TRANCHE DE JAMBON BLANC SUR LE PAIN AVANT DE VERSER LE FROMAGE ET DÉPOSER UN ŒUF CUIT AU PLAT SUR LE WELSH DÈS SA SORTIE DU FOUR.

Whoopies aux noisettes et à la crème moutarde

Préparation : 20 minutes • Cuisson : 25 minutes • Difficulté : ★
Budget : ★

Pour 15 whoopies

Pour la base

- ✔ 1 œuf
- ✔ 100 g de beurre mou
- ✔ 250 g de farine
- ✔ ½ sachet de levure chimique
- ✔ 10 cl de lait
- ✔ 100 g d'éclats de noisettes
- ✔ Sel

Pour la ganache

- ✔ 20 cl de crème liquide
- ✔ 150 g de fromage frais Philadelphia®
- ✔ 5 cuil. à soupe de moutarde
- ✔ Poivre

Préparation

1. Battez l'œuf en omelette et ajoutez le beurre. Fouettez l'ensemble afin d'obtenir un mélange lisse. Ajoutez la farine et la levure tamisées puis mélangez en versant le lait. Ajoutez pour finir les noisettes concassées. Salez si nécessaire.
2. Préchauffez le four à 180 °C (th. 6).
3. Chemisez 2 plaques de cuisson avec du papier sulfurisé. Déposez la pâte à whoopies dans une poche avec une douille lisse. Réalisez une trentaine de tas réguliers.
4. Enfournez les plaques l'une après l'autre. Faites-les cuire chacune 10 minutes. Laissez refroidir dès la sortie du four.
5. Préparez la ganache. Mettez la crème à chauffer dans une casserole. Faites-y fondre le fromage frais puis ajoutez la moutarde. Poivrez et réservez au frais.
6. Déposez 1 cuil. à café de crème de moutarde sur un biscuit, déposez-en un second sur le dessus et soudez les 2 parties en pressant légèrement l'ensemble. Réalisez ainsi une quinzaine de whoopies salés. Dégustez.

Cake au crabe

Préparation : 15 minutes • Cuisson : 40 minutes • Difficulté : ★
Budget : ★★★

Pour 6 personnes

- ✔ 3 œufs
- ✔ 200 g de farine
- ✔ 1 cuil. à café de levure chimique
- ✔ 5 cl d'huile d'olive
- ✔ 15 cl de lait
- ✔ 80 g d'emmental râpé
- ✔ Ciboulette
- ✔ 200 g de chair de crabe
- ✔ Beurre
- ✔ Sel et poivre

Préparation

1. Préchauffez le four à 180 °C (th. 6).
2. Mélangez les œufs avec la farine, la levure, l'huile, le sel et le poivre. Ajoutez le lait tiédi, l'emmental râpé et la ciboulette. Mélangez bien puis ajoutez le crabe.
3. Versez la préparation dans un moule en silicone, ou bien dans un moule à cake ou des moules à mini cake préalablement beurrés et farinés. Enfournez pour 40 minutes.
4. Attendez 10 minutes, démoulez et laissez refroidir sur une grille.

Crabe au pamplemousse vert

Préparation : 45 minutes • Repos : 1 heure • Cuisson : 5 minutes • Difficulté : ★ Budget : ★★

Pour 4 verrines

- ✔ 10 cl de coulis de tomates
- ✔ ½ cuil. à café de céleri en poudre
- ✔ ½ cuil. à café d'agar-agar
- ✔ 1 pamplemousse vert
- ✔ 2 avocats bien mûrs
- ✔ Piment de Cayenne
- ✔ 140 g de chair de crabe
- ✔ 1 cuil. à café de baies roses
- ✔ Persil
- ✔ Sel

Préparation

1. Portez à ébullition le coulis de tomates dilué avec 4 cuil. à soupe d'eau, ajoutez le céleri en poudre et l'agar-agar. Laissez bouillir 1 minute puis laissez tiédir.
2. Lavez bien le pamplemousse. Prélevez quelques zestes et réservez-les. Épluchez le pamplemousse à vif afin de récolter la pulpe.
3. Placez la chair des avocats dans le bol d'un mixeur avec la chair de la moitié du pamplemousse, le piment et mixez le tout jusqu'à l'obtention d'une purée bien lisse. Salez et versez cette purée dans les verrines pour les remplir à moitié. Nappez de coulis de tomates et placez les verrines au frais jusqu'à ce qu'elles gélifient.
4. Égouttez la chair de crabe, mélangez-la à la seconde moitié de pamplemousse, ajoutez les baies et du persil haché. Déposez le crabe sur le gélifié de tomates.
5. Décorez avec les zestes de pamplemousse vert et placez au frais. Servez bien frais.

Conseil : Vous pouvez remplacer l'agar-agar par ½ feuille de gélatine que vous aurez fait ramollir dans l'eau froide.

Farcis d'artichauts au crabe

Préparation : 10 minutes • Difficulté : ★ Budget : ★

Pour 4 personnes

- ✔ 4 cuil. à soupe d'huile d'olive
- ✔ Le jus de 1 citron
- ✔ ½ cuil. à café d'estragon
- ✔ 4 brins de persil
- ✔ 8 fonds d'artichaut
- ✔ 1 boîte de chair de crabe
- ✔ Sel et poivre

Préparation

1. Mélangez l'huile d'olive, le jus de citron, l'estragon, du sel et du poivre.
2. Lavez et équeutez le persil.
3. Versez la moitié de la vinaigrette sur les artichauts, mélangez le reste avec le crabe égoutté.
4. Garnissez les fonds d'artichauts de chair de crabe et présentez-en deux par assiette. Décorez de persil.

Conseil : POUR UN EFFET SUCRÉ-SALÉ, MÉLANGEZ AU CRABE LA PULPE D'UN PAMPLEMOUSSE.

Cake au maquereau

Préparation : 15 minutes • Cuisson : 40 minutes • Difficulté : ★
Budget : ★

Pour 6 personnes

- ✔ 3 œufs
- ✔ 150 g de farine
- ✔ 1 sachet de levure chimique
- ✔ 15 cl de lait
- ✔ 3 cuil. à soupe d'huile d'olive
- ✔ 1 boîte de filets de maquereau
- ✔ Ciboulette
- ✔ Poivre

Préparation

1. Préchauffez le four à 180 °C (th. 6).
2. Dans un saladier, battez les œufs. Ajoutez la farine et la levure puis mélangez bien l'ensemble pour éviter les grumeaux.
3. Faites chauffer le lait sans porter à ébullition puis versez-le sur la préparation.
4. Ajoutez l'huile d'olive et mélangez de nouveau.
5. Dans un petit bol, émiettez à la fourchette les filets de maquereau. Ajoutez-les à la préparation à cake avec de la ciboulette ciselée. Poivrez.
6. Versez la préparation dans un moule et enfournez pour 40 minutes de cuisson. Réduisez le temps de cuisson à 25 minutes pour de petits cakes.

Salade de lentilles au maquereau

Préparation : 20 minutes • Cuisson : 40 minutes • Difficulté : ★
Budget : ★

Pour 4 personnes

- ✔ 250 g de lentilles vertes
- ✔ 2 cubes de bouillon
- ✔ 2 boîtes de filets de maquereau
- ✔ 3 cuil. à soupe d'huile d'olive
- ✔ 1 cuil. à soupe de vinaigre balsamique
- ✔ 10 champignons de Paris
- ✔ 1 botte de ciboule
- ✔ Sel et poivre

Préparation

1. Dans une grande casserole remplie d'eau froide, versez les lentilles avec les cubes de bouillon.
2. Faites mijoter l'ensemble à feu moyen sans porter à ébullition pendant 40 minutes pour rendre les lentilles légèrement fondantes.
3. Égouttez les lentilles et laissez-les refroidir.
4. Écrasez les filets de maquereau à la fourchette et ajoutez-les aux lentilles refroidies.
5. Préparez une vinaigrette en mélangeant l'huile d'olive avec le vinaigre balsamique. Salez et poivrez.
6. Versez la vinaigrette sur les lentilles au maquereau. Mélangez.
7. Rincez et épluchez les champignons, coupez-les en fines tranches. Ajoutez-les à la salade de lentilles.
8. Ciselez la ciboule et incorporez-la à la salade.
9. Dégustez aussitôt.

Tartine de poivrons grillés et maquereau

Préparation : 15 minutes • Repos : 10 minutes • Cuisson : 10 minutes
Difficulté : ★ Budget : ★

Pour 4 personnes

- ✔ 2 poivrons rouges
- ✔ 1 cuil. à soupe d'huile d'olive
- ✔ 4 tranches de pain de campagne
- ✔ 2 boîtes de filets de maquereau
- ✔ Sel et poivre

Préparation

1. Préchauffez le four en position gril.
2. Coupez les poivrons en deux et épépinez-les. Placez les morceaux de poivron sur une plaque de cuisson recouverte de papier aluminium.
3. Enfournez et attendez que la peau des poivrons noircisse. Sortez la plaque du four et placez les poivrons dans un sachet congélation pour faciliter le retrait de la peau. Patientez 10 minutes.
4. Ôtez la peau des poivrons puis coupez-les en fines lanières
5. Salez et poivrez les poivrons et arrosez-les d'huile d'olive. Mélangez.
6. Faites griller les tranches de pain puis recouvrez-les de poivrons grillés.
7. Dans un bol, émiettez les maquereaux puis répartissez-les sur les tartines. Dégustez les tartines aussitôt.

Cake au thon

Préparation : 15 minutes • Cuisson : 40 minutes • Difficulté : ★
Budget : ★

Pour 6 personnes

- ✔ 150 g de farine
- ✔ 1 sachet de levure chimique
- ✔ 3 œufs
- ✔ 10 cl de lait
- ✔ 10 cl d'huile d'olive
- ✔ 300 g de thon au naturel en boîte
- ✔ Sel et poivre

Préparation

1. Préchauffez le four à 200 °C (th. 6-7).
2. Mélangez la farine et la levure.
3. Ajoutez les œufs puis le lait, l'huile, du sel et du poivre.
4. Mélangez bien puis incorporez le thon émietté.
5. Beurrez un moule à cake, versez-y la préparation et enfournez pour 40 minutes.
6. Laissez tiédir avant de démouler et servez aussitôt.

Conseil : si vous optez pour du thon à l'huile, utilisez l'huile de la boîte et ne rajoutez pas d'autre matière grasse.

Cocottes de thon façon pastilla

Préparation : 20 minutes • Cuisson : 30 minutes • Difficulté : ★
Budget : ★

Pour 4 personnes

- ✔ 200 g de thon au naturel en boîte
- ✔ 100 g de fromage frais
- ✔ 2 œufs
- ✔ 2 cuil. à soupe de moutarde
- ✔ 1 cuil. à soupe de ciboulette ciselée
- ✔ 1 oignon
- ✔ 8 feuilles de pâte filo
- ✔ 50 g de beurre (fondu)
- ✔ Sel et poivre

Préparation

1. Préchauffez le four à 180 °C (th. 6).
2. Égouttez le thon, émiettez-le et ajoutez le fromage frais, les œufs, la moutarde, la ciboulette, l'oignon haché, salez et poivrez.
3. Badigeonnez les feuilles de filo de beurre fondu et placez-les par deux dans 4 mini cocottes. Remplissez de préparation au thon et rabattez la filo vers le milieu.
4. Mettez au four pour 30 minutes. Servez aussitôt.

CONSEIL : VOUS POUVEZ REMPLACER LES FEUILLES DE FILO PAR DES FEUILLES DE BRICK.

Galettes parmentières au thon

Préparation : 25 minutes • Cuisson : 25 minutes • Difficulté : ★★
Budget : ★

Pour 6 personnes

- ✔ 4 pommes de terre
- ✔ 10 cl de lait
- ✔ 20 g de beurre
- ✔ 200 g de thon au naturel en boîte
- ✔ 2 œufs
- ✔ 1 bouquet de persil
- ✔ 4 cuil. à soupe de chapelure
- ✔ 4 cuil. à soupe d'huile d'olive
- ✔ 1 cuil. à soupe de Maïzena®
- ✔ Sel et poivre

Préparation

1. Pelez les pommes de terre. Coupez-les en morceaux et faites-les cuire dans une grande casserole d'eau bouillante durant 15 minutes, jusqu'à ce qu'elles soient bien tendres. Égouttez, écrasez grossièrement à la fourchette en incorporant peu à peu le lait et le beurre.
2. Égouttez le thon et émiettez-le dans la purée. Ajoutez les œufs, le persil haché, 2 cuil. à soupe de chapelure et assaisonnez de sel et de poivre. Mélangez longuement pour obtenir une farce homogène. Façonnez 4 boules égales et aplatissez-les pour leur donner une forme de galette.
3. Faites chauffer l'huile dans une poêle. Dans une assiette, mélangez le reste de chapelure et la Maïzena. Enduisez chaque face des galettes de ce mélange, puis faites-les cuire dans la poêle, environ 4 minutes sur chaque face, jusqu'à ce qu'elles soient bien dorées. Servez aussitôt.

CONSEIL : LA MAÏZENA DANS LA PANURE DONNE À CES GALETTES UN CROUSTILLANT DÉLICIEUX.

Gratin de thon

Préparation : 15 minutes • Cuisson : 20 minutes • Difficulté : ★
Budget : ★

Pour 4 personnes

- ✔ 100 g de thon au naturel en boîte
- ✔ 80 g de fromage frais aux herbes
- ✔ 2 œufs
- ✔ 10 cl de crème liquide entière
- ✔ 2 échalotes
- ✔ 18 cl de coulis de tomates
- ✔ 50 g de parmesan
- ✔ Sel et poivre

Préparation

1. Préchauffez le four à 200 °C (th. 6-7).
2. Égouttez le thon et émiettez-le puis travaillez-le avec le fromage aux herbes.
3. Ajoutez les œufs, la crème, les échalotes hachées, salez et poivrez.
4. Répartissez la préparation dans 4 plats à gratin individuels, couvrez de coulis de tomates et saupoudrez de parmesan. Mettez au four pour 20 minutes.

CONSEIL : SERVEZ CE PLAT AVEC DE LA ROQUETTE ET UN SOUPÇON DE VINAIGRE BALSAMIQUE.

Mousse de thon

Préparation : 15 minutes • Repos : 2 h 30 • Cuisson : 3 minutes • Difficulté : ★ Budget : ★

Pour 4 personnes

- ✔ 15 cl de crème liquide entière
- ✔ 2 g d'agar-agar
- ✔ 140 g de thon au naturel en boîte
- ✔ 100 g de fromage frais aux herbes
- ✔ 1 cuil. à soupe de moutarde
- ✔ 1 cuil. à soupe de persil haché
- ✔ 2 blancs d'œufs

Préparation

1. Mélangez la crème et l'agar-agar, portez à ébullition 1 minute puis réservez.
2. Placez dans un bol mixeur le thon égoutté, le fromage frais, la moutarde et le persil, mixez le tout puis ajoutez la crème.
3. Montez les blancs d'œufs en neige et incorporez-les au thon.
4. Versez la préparation dans 4 moules en silicone et placez-les au frais 2 heures. Puis pour un démoulage parfait, placez-les 30 minutes au congélateur.
5. Démoulez les mousses au thon sur une assiette et servez.

Pain de thon

Préparation : 15 minutes • Cuisson : 1 heure • Difficulté : ★
Budget : ★

Pour 6 personnes

- ✔ 320 g de thon au naturel en boîte
- ✔ 140 g de fromage blanc
- ✔ 4 œufs
- ✔ 50 g de farine
- ✔ 1 cuil. à soupe de moutarde
- ✔ 2 échalotes
- ✔ 1 cuil. à soupe de ciboulette
- ✔ Sel et poivre

Pour la sauce tomate épicée

- ✔ 25 cl de coulis de tomates
- ✔ ¼ cuil. à café de Tabasco®
- ✔ 2 gousses d'ail
- ✔ ½ cuil. à café de paprika
- ✔ ½ cuil. à café de sucre
- ✔ ½ cuil. à café d'herbes de Provence

Préparation

1. Préchauffez le four à 180 °C (th. 6). Égouttez le thon, travaillez-le à la fourchette. Ajoutez le fromage blanc, les œufs, la farine, la moutarde, les échalotes hachées et la ciboulette. Salez, poivrez puis versez la préparation dans un petit moule à cake beurré ou en silicone.
2. Mettez au four pour 45 minutes. À la sortie du four, attendez 10 minutes puis démoulez sur une grille.
3. Pour la sauce, mettez tous les ingrédients dans une casserole, portez à ébullition puis laissez mijoter à feu doux 15 minutes. Laissez refroidir.
4. Servez le pain de thon accompagné de la sauce épicée.

CONSEIL : À LA PLACE DE LA SAUCE ÉPICÉE, LE PAIN DE THON S'ACCOMMODE TRÈS BIEN DE KETCHUP.

Quiche au thon

Préparation : 20 minutes • Cuisson : 40 minutes • Difficulté : ★
Budget : ★★★

Pour 6 personnes

- ✔ 300 g de thon au naturel en boîte
- ✔ 20 cl de crème liquide entière
- ✔ 3 œufs
- ✔ 60 g de fromage râpé
- ✔ Ciboulette
- ✔ Persil
- ✔ 1 oignon
- ✔ 1 pâte feuilletée
- ✔ 2 cuil. à soupe de moutarde
- ✔ 1 tomate
- ✔ Sel et poivre

Préparation

1. Préchauffez le four à 180 °C (th. 6).
2. Égouttez le thon, émiettez-le puis ajoutez la crème, les œufs, le fromage, 1 cuil. à soupe d'herbes ciselées et l'oignon haché. Salez et poivrez.
3. Étalez la pâte feuilletée dans une tourtière en conservant la feuille de cuisson. Piquez le fond à l'aide d'une fourchette et étalez la moutarde. Versez la préparation au thon et décorez de rondelles de tomate.
4. Mettez au four pour 40 minutes.

Rillettes de thon et crackers à la ciboulette

Préparation : 40 minutes • Repos : 20 minutes • Cuisson : 15 minutes
Difficulté : ★ Budget : ★

Pour 30 pièces

Pour les crackers

- ✔ 300 g de farine
- ✔ 1 cuil. à café de sel
- ✔ 2 cuil. à soupe de ciboulette
- ✔ 40 g de margarine

Pour les rillettes

- ✔ 140 g de thon au naturel en boîte
- ✔ Le jus de 1 citron
- ✔ 80 g de beurre mou
- ✔ 2 cuil. à soupe de crème fraîche épaisse
- ✔ 2 cuil. à soupe de ciboulette
- ✔ Sel et poivre

Préparation

1. Préparez les crackers : mélangez la farine, le sel, la ciboulette ciselée et la margarine coupée en petits morceaux. On obtient un mélange sableux grossier. Ajoutez 18 cl d'eau petit à petit et mélangez jusqu'à obtention d'une pâte homogène non collante. Étalez cette pâte entre 2 feuilles de papier sulfurisé et placez au frais pour 20 minutes.
2. À l'aide d'un emporte-pièce, découpez des petits disques de pâte. Placez-les sur une plaque recouverte de papier sulfurisé et piquez-les avec une fourchette. Placez au four préchauffé à 210 °C (th. 7) pour 15 minutes. Laissez refroidir.
3. Préparez les rillettes : émiettez le thon à l'aide d'une fourchette, ajoutez le jus de citron et le beurre mou, mélangez bien. Ajoutez ensuite la crème et la ciboulette ciselée. Salez et poivrez. Conservez au frais dans une boîte hermétique.
4. Sortez les rillettes de thon du réfrigérateur 30 minutes avant de servir. Garnissez les crackers et décorez d'un nœud de ciboulette ou présentez les rillettes et les crackers séparément pour que vos invités se servent à leur guise.

Salade de blé au thon

Préparation : 20 minutes • Cuisson : 15 minutes • Difficulté : ★
Budget : ★★

Pour 6 personnes

- ✔ 100 g de blé
- ✔ 1 poivron rouge
- ✔ 1 poivron vert
- ✔ 1 oignon
- ✔ 2 cuil. à soupe d'huile d'olive
- ✔ 1 cuil. à soupe de confit de tomates séchées
- ✔ 80 g de maïs en boîte
- ✔ 300 g de thon au naturel en boîte
- ✔ Basilic
- ✔ 1 cuil. à soupe de vinaigre balsamique
- ✔ 6 tomates cerise
- ✔ Sel et poivre

Préparation

1. Faites cuire le blé dans de l'eau bouillante salée, selon les indications données sur l'emballage.
2. Coupez les poivrons en petits morceaux et hachez l'oignon.
3. Faites chauffer 1 cuil. à soupe d'huile dans une poêle et faites-y revenir les poivrons et l'oignon, sans trop les colorer.
4. Ajoutez le blé égoutté, le confit de tomates séchées et laissez cuire 5 minutes en mélangeant bien.
5. Hors du feu, ajoutez le maïs, le thon, quelques feuilles de basilic ciselées, 1 cuil. à soupe d'huile, le vinaigre, poivrez et salez si besoin.
6. Répartissez la salade de blé dans les verrines, décorez de tomates cerise et de feuilles de basilic. Réservez au frais.

Salade niçoise

Préparation : 20 minutes • Cuisson : 10 minutes • Difficulté : ★
Budget : ★

Pour 4 personnes

- ✔ 4 œufs
- ✔ 1 oignon nouveau
- ✔ 1 oignon blanc
- ✔ 1 gousse d'ail
- ✔ 6 tomates
- ✔ 2 poivrons verts
- ✔ 1 botte de radis
- ✔ 5 cuil. à soupe d'huile d'olive
- ✔ 2 cuil. à soupe de vinaigre de vin
- ✔ 200 g de thon à l'huile d'olive en boîte
- ✔ 10 filets d'anchois
- ✔ 100 g d'olives noires
- ✔ 3 brins de thym citronné
- ✔ Sel et poivre

Préparation

1. Dans une casserole remplie d'eau, faites cuire les œufs pendant 10 minutes pour les faire durcir. Laissez-les refroidir.
2. Pelez et découpez les oignons en rondelles. Pelez et pressez l'ail.
3. Lavez soigneusement tous les légumes. Découpez les tomates en quartiers, les poivrons et les radis en rondelles.
4. Dans un saladier, préparez la vinaigrette en mélangeant l'huile d'olive, le vinaigre, les oignons, l'ail pressé, le thon émietté et les anchois. Assaisonnez.
5. Ajoutez les légumes et les olives. Mélangez.
6. Pelez les œufs, découpez-les en quartiers et posez-les sur la salade pour éviter qu'ils ne s'écrasent.
7. Parsemez la salade de quelques brins de thym citronné pour la décorer. Réservez au frais jusqu'au moment de servir.

Conseil : Cette salade sera idéale pour vos pique-niques !

Samoussas de thon

Préparation : 30 minutes • Cuisson : 10 minutes • Difficulté : ★★
Budget : ★

Pour 20 pièces

- ✔ 300 g de thon au naturel en boîte
- ✔ 100 g de fromage à tartiner (type St Môret)
- ✔ 100 g de fromage fondu (type Vache qui rit)
- ✔ 1 oignon
- ✔ 1 cuil. à soupe de ciboulette
- ✔ 10 feuilles de brick
- ✔ Huile pour friture

Préparation

1. Mélangez le thon et les fromages, ajoutez l'oignon haché et la ciboulette ciselée.
2. Coupez les feuilles de brick en deux. Placez 1 cuil. à café de préparation sur le bord d'une feuille de brick, pliez-la en deux. Formez un triangle avec la farce puis rabattez ce triangle sur lui-même. Fermez le triangle en glissant l'extrémité de la feuille de brick dans l'ouverture d'un des côtés. Vous pouvez vous aider en suivant les schémas présents sur l'emballage des feuilles de brick.
3. Réalisez tous les samoussas puis chauffez le bain de friture et mettez les samoussas à dorer. Posez-les ensuite sur du papier absorbant afin qu'il absorbe l'excès d'huile. Servez chaud.

Conseil : Pour des samoussas croustillants, le bain de friture est idéal mais pour des bouchées plus légères, le four est plutôt recommandé. Vous pouvez préparer les samoussas à l'avance et les passer 10 minutes dans un four à 210 °C (th. 7) avant de servir pour rendre leur croustillant.

Thon sur fromage aux herbes

Préparation : 15 minutes • Difficulté : ★ Budget : ★

Pour 4 verrines

- ✔ 400 g de faisselle
- ✔ 2 cuil. à soupe d'huile d'olive
- ✔ Ciboulette
- ✔ Basilic
- ✔ 8 olives vertes dénoyautées
- ✔ 140 g de thon au naturel en boîte
- ✔ 1 tomate
- ✔ 2 tomates cerise
- ✔ Sel et poivre

Préparation

1. Égouttez la faisselle, ajoutez 1 cuil. à soupe d'huile d'olive, un peu de ciboulette ciselée et de basilic haché et 4 olives coupées en morceaux. Salez et poivrez. Réservez.
2. Égouttez le thon, ajoutez 1 cuil. à soupe d'huile d'olive, de la ciboulette et du basilic ciselés.
3. Versez le fromage aux herbes dans les verrines. Déposez sur le fromage 1 rondelle de tomate puis le thon.
4. Décorez avec la moitié de 1 tomate cerise, 1 olive et 1 petite feuille de basilic. Servez bien frais.

Écrasé de pommes de terre au saumon

Préparation : 15 minutes • Cuisson : 25 minutes • Difficulté : ★
Budget : ★

Pour 4 personnes

- ✔ 600 g de pommes de terre grenaille
- ✔ 10 cl de crème liquide entière
- ✔ 1 bouquet de ciboulette
- ✔ 2 boîtes de saumon
- ✔ Sel et poivre

Préparation

1. Épluchez les pommes de terre et faites-les cuire 25 minutes dans une grande casserole d'eau bouillante salée.
2. Égouttez les pommes de terre et mettez-les dans un grand saladier. À l'aide d'une fourchette, écrasez grossièrement les pommes de terre, versez la crème et ajoutez la ciboulette ciselée. Mélangez.
3. Répartissez l'écrasé de pomme de terre dans le fond de 4 cercles.
4. Émiettez le saumon et déposez-le sur les pommes de terre.
5. Servez aussitôt pour conserver l'effet chaud-froid.

Saumon à la ricotta et aneth sur concombre

Préparation : 15 minutes • Difficulté : ★ Budget : ★

Pour 4 personnes

- ✔ 1 concombre
- ✔ 1 boîte de saumon
- ✔ 100 g de ricotta
- ✔ 2 cuil. à soupe d'aneth haché
- ✔ Sel et poivre

Préparation

1. Épluchez le concombre. Coupez des rondelles de 3 ou 4 cm. Creusez le centre avec une cuillère parisienne.
2. Salez les tranches puis retournez-les pour les faire dégorger.
3. Dans un bol, émiettez le saumon à la fourchette et ajoutez la ricotta et l'aneth. Salez, poivrez puis mélangez le tout.
4. Répartissez la préparation au saumon sur les tranches de concombre.
5. Servez bien frais pour l'apéritif.

Tiramisu au saumon

Préparation : 15 minutes • Repos : 2 heures • Difficulté : ★
Budget : ★

Pour 4 personnes

- ✔ 250 g de mascarpone
- ✔ 4 cuil. à café de pesto
- ✔ 3 blancs d'œufs
- ✔ 1 boîte de crackers
- ✔ 2 boîtes de saumon
- ✔ 1 pot d'œufs de saumon
- ✔ Sel et poivre

Préparation

1. Fouettez le mascarpone et ajoutez le pesto. Mélangez.
2. Montez les blancs d'œufs en neige et incorporez-les délicatement au mélange mascarpone-pesto. Salez et poivrez si besoin.
3. Réservez au réfrigérateur pendant 2 heures.
4. Dressez le tiramisu dans des verrines. Placez des crackers émiettés dans le fond.
5. Émiettez le saumon et répartissez la moitié sur les crackers. Nappez avec la préparation au mascarpone et pesto puis recouvrez avec le reste de saumon.
6. Décorez avec des œufs de saumon et un cracker entier.

Salade de pâtes au saumon à l'italienne

Préparation : 15 minutes • Cuisson : 15 minutes • Difficulté : ★
Budget : ★

Pour 4 personnes

- ✔ 400 g de pâtes
- ✔ 2 cuil. à soupe d'huile d'olive
- ✔ 150 g de cœurs d'artichaut marinés
- ✔ 150 g de tomates séchées
- ✔ 1 bouquet de basilic
- ✔ 2 boîtes de saumon
- ✔ Tomate cerise
- ✔ Sel et poivre

Préparation

1. Dans une grande casserole d'eau bouillante salée, faites cuire les pâtes selon le temps de cuisson requis.
2. Égouttez les pâtes et placez-les dans un grand saladier. Arrosez d'huile d'olive, mélangez et laissez refroidir.
3. Coupez les cœurs d'artichaut et les tomates séchées en petits morceaux. Ajoutez-les aux pâtes.
4. Ajoutez le basilic finement ciselé, salez et poivrez. Mélangez.
5. Émiettez le saumon et déposez-les sur le dessus de la salade de pâtes avec quelques tomates cerise.

Feuilletés au beurre de sardines

Préparation : 40 minutes • Repos : 30 minutes • Cuisson : 20 minutes
Difficulté : ★★ Budget : ★

Pour 6 personnes

- ✔ 1 pâte feuilletée
- ✔ 1 jaune d'œuf
- ✔ 1 cuil. à soupe de graines de pavot
- ✔ 100 g de sardines à l'huile
- ✔ 60 g de beurre mou
- ✔ ½ citron non traité

Préparation

1. Déroulez la pâte feuilletée bien froide et découpez à l'aide d'un emporte-pièce des disques de 4 cm de diamètre. Placez-les sur une plaque de cuisson recouverte de papier sulfurisé et piquez-les avec une fourchette. Dorez-les avec le jaune d'œuf dilué avec 1 cuil. à café d'eau et saupoudrez-les de graines de pavot. Placez au frais pour 30 minutes.
2. Mettez à cuire pour 20 minutes à 180 °C (th. 6). Laissez refroidir puis, avec un couteau pointu, découpez le feuilleté dans son milieu.
3. Retirez les arêtes des sardines, écrasez-les à la fourchette avec le beurre pommade et 1 cuil. à soupe de jus de citron. Remplissez une poche à douille et déposez le beurre de sardines dans les feuilletés.
4. Déposez un zeste de citron et refermez les feuilletés. Réservez au frais.

Conseil : préparez à l'avance les feuilletés et le beurre de sardines en les conservant dans une boîte hermétique mais ne montez les feuilletés qu'au maximum 2 heures avant de les déguster.

Frites de polenta et rillettes de sardines

Préparation : 20 minutes • Cuisson : 30 minutes • Difficulté : ★
Budget : ★

Pour 4 personnes

- ✔ 300 g de farine de châtaignes
- ✔ 20 g de beurre
- ✔ 1 boîte de sardines à l'huile
- ✔ 100 g de chèvre frais
- ✔ 5 brins de ciboulette
- ✔ 10 cl de crème liquide
- ✔ Sel et poivre

Préparation

1. Portez à ébullition 1 litre d'eau salée, versez-y la farine de châtaignes en tournant constamment à l'aide d'une cuillère en bois. Retirez du feu, dès que la pâte obtenue devient assez dense.

2. Étalez la pâte dans un moule antiadhésif et saupoudrez-la de farine de châtaignes. Laissez refroidir.

3. Découpez la polenta de châtaignes en bâtonnets fins et faites-les dorer dans la poêle avec le beurre.

4. Préparez les rillettes en écrasant dans un premier temps les sardines, ajoutez le chèvre frais et la ciboulette ciselée. Salez et poivrez. Mélangez bien et ajoutez de la crème liquide pour délayer un peu les rillettes.

5. Dégustez les frites de polenta avec les rillettes.

CONSEIL : LA POLENTA SE MARIE TRÈS BIEN AVEC DE LA CHARCUTERIE CORSE.

Mises en bouche terre et mer

Préparation : 20 minutes • Repos : 1 heure • Cuisson : 15 minutes • Difficulté : ★ Budget : ★

Pour 6 personnes

- ✔ 12 pommes de terre
- ✔ 250 g de sardines à l'huile
- ✔ 50 g de fromage frais
- ✔ 2 oignons
- ✔ 1 bouquet de ciboulette
- ✔ 2 cuil. à soupe de vinaigre de cidre
- ✔ Piment d'Espelette en poudre
- ✔ 1 citron
- ✔ Sel

Préparation

1. Plongez les pommes de terre dans une casserole d'eau froide salée. Portez à ébullition et faites cuire 10 à 15 minutes. Égouttez et laissez refroidir. Creusez légèrement l'un des côtés à l'aide d'une petite cuillère et réservez la chair de pomme de terre.
2. Préparez ensuite les rillettes de sardines : dans un saladier, écrasez grossièrement avec une fourchette la chair de pomme de terre réservée et les sardines avec 2 cuil. à soupe d'huile de la boîte. Ajoutez le fromage frais, les oignons finement émincés, ¾ de la ciboulette ciselée, le vinaigre et une pincée de piment d'Espelette. Salez et poivrez. Mélangez intimement et laissez reposer au réfrigérateur pendant 1 heure environ.
3. Déposez les pommes de terre sur un plat de service. Garnissez-les de rillettes. Décorez de ciboulette et d'une fine tranche de citron.

Conseil : les rillettes peuvent aussi être réalisées avec du thon.

Œufs farcis aux sardines pimentées

Préparation : 20 minutes • Cuisson : 9 minutes • Difficulté : ★
Budget : ★

Pour 4 personnes

- ✔ 6 œufs
- ✔ 1 boîte de sardines à l'huile
- ✔ 1 cuil. à soupe de moutarde
- ✔ 1 cuil. à soupe de persil haché
- ✔ Le jus de 1 citron
- ✔ Sel et poivre

Préparation

1. Mettez les œufs à cuire dans une grande casserole d'eau bouillante pendant 9 minutes. Passez-les sous l'eau froide puis écalez-les et laissez-les refroidir complètement.
2. Coupez les œufs en deux et récupérez les jaunes. Travaillez-les à la fourchette avec les sardines égouttées, peau et arêtes retirées. Ajoutez la moutarde, le persil, le jus de citron, poivrez et salez si besoin.
3. Remplissez les blancs d'œufs et servez bien frais accompagnés de salade.

Rillettes de sardines aux olives et aux artichauts

Préparation : 20 minutes • Repos : 1 heure • Difficulté : ★
Budget : ★★

Pour 6 verrines

- ✔ 6 olives noires dénoyautées
- ✔ 1 échalote
- ✔ 150 g de sardines à l'huile
- ✔ 70 g de beurre
- ✔ 2 cuil. à café de persil haché
- ✔ Le jus de ½ citron
- ✔ 10 pétales de tomates séchées
- ✔ 250 g de cœurs d'artichaut marinés
- ✔ Câpres

Préparation

1. Dans le bol d'un mixeur, hachez les olives et l'échalote.
2. Égouttez les sardines, réduisez-les en purée avec une fourchette. Ajoutez le beurre tempéré, les olives hachées avec l'échalote, le persil et le jus de citron. Travaillez jusqu'à obtention de rillettes homogènes.
3. Répartissez les rillettes dans 6 verrines de taille moyenne et laissez reposer 1 heure au frais.
4. Égouttez les pétales de tomates séchées, coupez-les en petits morceaux et placez-les sur les rillettes.
5. Égouttez les cœurs d'artichaut et posez-les sur les tomates.
6. Décorez d'un petit morceau de pétale de tomate séchée et d'une câpre. Placez au frais jusqu'au moment de servir.

Coquillettes à la carbonara

Préparation : 5 minutes • Cuisson : 5 minutes • Difficulté : ★
Budget : ★

Pour 1 portion

- ✔ 100 g de coquillettes
- ✔ ½ cube de bouillon de légumes
- ✔ ½ tranche de jambon blanc
- ✔ 1 cuil. à soupe de crème liquide
- ✔ Parmesan râpé

Préparation

1. Faites cuire les pâtes avec le bouillon de légumes.
2. Taillez le jambon en lamelles.
3. Remettez les pâtes sur le feu, incorporez le jambon et la crème et mélangez quelques secondes.
4. Saupoudrez d'un peu de parmesan râpé.

Farfalle à l'aubergine

Préparation : 10 minutes • Cuisson : 25 minutes • Difficulté : ★
Budget : ★

Pour 1 portion

- ✔ ¼ d'aubergine
- ✔ 40 g de farfalle
- ✔ 1 cuil. à soupe d'huile d'olive
- ✔ 1 cuil. à soupe de basilic ciselé
- ✔ 1 portion de fromage fondu

Préparation

1. Épluchez l'aubergine et coupez-la en tout petits dés. Faites-les cuire dans un peu d'eau à la casserole. Égouttez puis réservez.
2. Faites cuire les pâtes.
3. Dans une poêle avec l'huile, faites revenir les dés d'aubergine. Ajoutez le basilic et le fromage fondu, mélangez puis incorporez les pâtes. Mélangez encore quelques secondes avant de servir.

Fusilli complets aux petits légumes

Préparation : 5 minutes • Cuisson : 20 minutes • Difficulté : ★
Budget : ★

Pour 4 personnes

- ✔ 1 oignon
- ✔ 1 cuil. à soupe d'huile d'olive
- ✔ 500 g de macédoine de légumes (surgelée)
- ✔ 350 g de fusilli (complets)
- ✔ Persil
- ✔ Gros sel
- ✔ Sel et poivre

Préparation

1. Portez un grand volume d'eau salée à ébullition.
2. Pelez et hachez l'oignon.
3. Dans une sauteuse, faites revenir l'oignon dans l'huile chaude. Ajoutez la macédoine encore surgelée. Salez, poivrez, remuez et laissez cuire doucement 10 minutes.
4. Faites cuire les fusilli al dente 8 à 10 minutes dans l'eau bouillante. Égouttez et ajoutez à la macédoine.
5. Mélangez bien et décorez de pluches de persil avant de servir. Assaisonnez à votre goût.

Conseil : Ce plat complet est idéal pour un dîner léger mais rassasiant.

Macaroni aux courgettes et au parmesan

Préparation : 10 minutes • Cuisson : 25 minutes • Difficulté : ★
Budget : ★

Pour 4 à 6 personnes

- ✔ 500 g de macaroni
- ✔ 2 courgettes
- ✔ 70 g de parmesan râpé
- ✔ 4 cuil. à soupe de crème fraîche épaisse
- ✔ Sel et poivre

Préparation

1. Faites bouillir 2 l d'eau salée dans une marmite et faites-y cuire les macaroni al dente (ils doivent rester un peu croquants).
2. Préchauffez le four à 210 °C (th. 7).
3. Lavez les courgettes, enlevez les extrémités et coupez le reste en petits cubes.
4. Égouttez les pâtes et reversez-les dans la casserole.
5. Mélangez-les avec la crème, les courgettes et la moitié du parmesan puis assaisonnez.
6. Mettez cette garniture dans un grand plat à gratin ou dans plusieurs petits plats individuels allant au four. Saupoudrez généreusement du reste de parmesan.
7. Enfournez pour 15 minutes environ.

Conseil : Conseil : Vous pouvez ajouter du thon, des dés de poulet ou des lardons. Vous pouvez également remplacer la crème épaisse par de la béchamel.

Lasagne à la ratatouille

Préparation : 25 minutes • Cuisson : 1 h 15 • Difficulté : ★ Budget : ★

Pour 2 à 4 personnes

- ✔ 1 oignon
- ✔ 4 cuil. à soupe d'huile d'olive
- ✔ 1 poivron rouge
- ✔ 1 courgette
- ✔ 2 tomates
- ✔ 1 aubergine
- ✔ 2 gousses d'ail
- ✔ 1 cuil. à café d'herbes de Provence
- ✔ 2 branches de thym
- ✔ 3 feuilles de laurier
- ✔ 300 g de sauce tomate
- ✔ 1 paquet de feuille de lasagne
- ✔ Sel et poivre

Préparation

1. Pelez et émincez l'oignon, puis faites-le revenir dans une grande casserole (de préférence antiadhésive) avec l'huile.
2. Lavez et essuyez les autres légumes, ôtez les parties vertes et les extrémités, puis coupez-les en cubes et ajoutez-les dans la casserole. Saisissez-les quelques minutes, sur feu vif.
3. Ajoutez l'ail pelé et les herbes de Provence, le thym, le laurier, du sel et du poivre, puis laissez cuire à feu moyen pendant une petite demi-heure, en enlevant régulièrement de l'eau de cuisson.
4. Préchauffez le four à 210 °C (th. 7).
5. Dans un plat à gratin (ou dans de petits plats individuels), tapissez le fond du plat d'une couche de ratatouille, recouvrez d'une couche de sauce tomate, puis d'une feuille de lasagne.
6. Recommencez avec une couche de ratatouille, puis une couche de sauce tomate et une feuille de lasagne.
7. Terminez par une couche de sauce tomate et le reste de la ratatouille.
8. Faites cuire pendant 25 à 30 minutes.

Conseil : Vous pouvez ajouter de la viande hachée ou des émincés de poulet poêlés mélangés aux légumes. Vous pouvez aussi ajouter un peu de crème fraîche et du parmesan.

Macaroni aux légumes d'hiver

Préparation : 15 minutes • Cuisson : 25 minutes • Difficulté : ★
Budget : ★

Pour 4 personnes

- ✔ 350 g de macaroni
- ✔ ½ chou vert
- ✔ 350 g de potiron (épluché)
- ✔ 2 cuil. à soupe d'huile d'olive
- ✔ 30 g de beurre
- ✔ 40 g de parmesan
- ✔ Sel et poivre

Préparation

1. Faites cuire les macaroni dans de l'eau bouillante salée selon le temps mentionné sur l'emballage. Égouttez.
2. Lavez et effeuillez le chou, puis éliminez la côte centrale des feuilles. Ébouillantez les feuilles 5 minutes à l'eau salée. Égouttez.
3. Coupez le potiron en cubes. Faites-les revenir à la cocotte dans l'huile chaude. Ajoutez le chou ciselé, couvrez d'eau à mi-hauteur puis salez. Laissez mijoter pendant 15 minutes à feu doux.
4. Ajoutez les macaroni dans la cocotte et mélangez pour les réchauffer. Incorporez le beurre hors du feu et poivrez.
5. Servez bien chaud en ajoutant des copeaux de parmesan.

Conseil : délicieux avec des choux de Bruxelles à la place du chou vert.

Penne aux brocolis

Préparation : 5 minutes • Cuisson : 10 minutes • Difficulté : ★
Budget : ★

Pour 4 personnes

- ✔ 1 gousse d'ail
- ✔ 2 brocolis
- ✔ 600 g de penne
- ✔ 2 cuil. à soupe d'huile d'olive
- ✔ 5 cuil. à soupe de parmesan râpé
- ✔ Gros sel
- ✔ Sel et poivre

Préparation

1. Épluchez la gousse d'ail et jetez-la dans un grand volume d'eau. Faites bouillir.
2. Pendant ce temps, détaillez les brocolis en bouquets.
3. Lorsque l'eau bout, ajoutez du gros sel puis jetez les pâtes puis les brocolis à la reprise de l'ébullition. Lorsque les pâtes sont cuites, égouttez le tout et retirez la gousse d'ail.
4. Arrosez d'huile d'olive et de parmesan. Salez et poivrez. Mélangez.

Spaghetti au saumon et à l'aneth

Préparation : 10 minutes • Cuisson : 7 minutes • Difficulté : ★
Budget : ★

Pour 4 personnes

- ✔ 400 g de spaghetti
- ✔ 1 pavé de saumon
- ✔ 100 g de crème fraîche épaisse
- ✔ 1 citron
- ✔ Aneth
- ✔ Huile d'olive
- ✔ 2 feuilles de basilic

Préparation

1. Découpez le pavé de saumon frais en dés. Faites bouillir de l'eau salée, ajoutez vos pâtes et faites-les cuire selon le temps de cuisson approprié. Dans une poêle huilée, faites revenir les dés de saumon pendant 2 ou 3 minutes.
2. Dans une casserole à fond épais, faites chauffer à feu très doux la crème fraîche salée et poivrée, le jus de citron puis incorporez l'aneth. Ajoutez les dés de saumon et laissez chauffer à feu doux encore 2 minutes. Versez-les dans un saladier. Servez à l'assiette avec les pâtes arrosées de sauce à la crème et au saumon et une ou deux feuilles de basilic.

Tagliatelle forestières

Préparation : 5 minutes • Cuisson : 20 minutes • Difficulté : ★
Budget : ★

Pour 2 personnes

- ✔ 350 g de champignons de Paris
- ✔ Huile d'olive
- ✔ 1 cuil. à café de farine
- ✔ 20 cl de crème liquide
- ✔ 4 cuil. à soupe de jus de citron
- ✔ 300 g de tagliatelle
- ✔ Sel et poivre

Préparation

1. Lavez les champignons et coupez-les en morceaux, puis mettez-les à cuire dans une casserole, à découvert et sur feu vif, avec 2 cuil. à soupe d'huile.
2. Laissez-les réduire pendant 5 minutes.
3. Versez la farine sur les champignons, mélangez, puis ajoutez la crème et le jus de citron. Laissez cuire à feu plus doux pendant une dizaine de minutes.
4. Faites bouillir 1,5 l d'eau salée dans une casserole et faites-y cuire les tagliatelle al dente (elles doivent rester un peu croquantes).
5. Stoppez la cuisson et tenez-les au chaud dans la casserole couverte, ajoutez un filet d'huile pour qu'elles ne collent pas.
6. Quand la sauce est prête, salez et poivrez, puis servez dans des assiettes ou dans des bols, en versant la sauce sur les tagliatelle.

Torti aux asperges et jambon

Préparation : 10 minutes • Cuisson : 15 minutes • Difficulté : ★
Budget : ★

Pour 4 personnes

- ✔ 500 g de torti
- ✔ 20 asperges vertes
- ✔ 3 oignons
- ✔ 8 tranches de jambon de Parme
- ✔ 3 cuil. à soupe d'huile d'olive
- ✔ 15 g de beurre
- ✔ 5 cuil. à soupe de parmesan râpé
- ✔ Sel et poivre

Préparation

1. Faites cuire les torti dans un grand volume d'eau en stoppant leur cuisson 2 minutes avant la fin du temps indiqué sur le paquet. Passez-les sous l'eau froide.
2. Pendant ce temps, lavez les asperges, coupez les pointes et réservez-les. Taillez les parties les plus dures en lamelles.
3. Émincez les oignons et faites-les cuire avec les lamelles d'asperges dans un peu d'huile d'olive. Laissez sur le feu pendant environ 2 minutes.
4. Dans une autre poêle, versez les pointes d'asperges, le beurre et 1,5 cl d'eau. Laissez mijoter 2 minutes.
5. Ajoutez les torti et le mélange oignons-asperges avec les pointes d'asperge et laissez cuire pendant 2 minutes.
6. Coupez le jambon en lamelles et ajoutez-les aux pâtes. Laissez chauffer 1 à 2 minutes et servez.

Verrines de farfalle aux crevettes et à la mangue

Préparation : 15 minutes • Cuisson : 8 minutes • Difficulté : ★
Budget : ★★

Pour 4 personnes

- ✔ 80 g de farfalle
- ✔ 1 cuil. à soupe d'huile d'olive
- ✔ 1 cuil. à soupe de vinaigre balsamique
- ✔ ½ mangue bien mûre
- ✔ 16 crevettes cuites
- ✔ Sel et poivre

Préparation

1. Faites bouillir 1 l d'eau salée dans une casserole et faites-y cuire les farfalles al dente (elles doivent rester un peu croquantes).
2. Stoppez la cuisson et refroidissez-les en les passant sous l'eau froide dans une passoire, puis versez-les dans un bol et assaisonnez-les avec l'huile, le vinaigre, le sel et le poivre.
3. Pelez la mangue et prélevez-en une belle tranche dans laquelle vous découperez des allumettes.
4. Décortiquez les crevettes en laissant la queue attachée à la chair.
5. Répartissez les pâtes, les crevettes et les allumettes de mangue dans les verrines. Réservez au réfrigérateur jusqu'au moment de servir.

Conseil : Conseil : Vous pouvez remplacer la mangue par du melon ou des raisins. Vous pouvez aussi utiliser les mêmes ingrédients pour faire une grande salade.

Wok de penne aux légumes

Préparation : 25 minutes • Cuisson : 15 minutes • Difficulté : ★
Budget : ★★

Pour 4 personnes

- ✔ 1 kg d'asperges vertes
- ✔ 800 g de tomates
- ✔ Huile d'olive
- ✔ 1 cuil. à soupe de sucre
- ✔ 400 g de penne
- ✔ 90 g de parmesan râpé
- ✔ Jus de citron
- ✔ Poivre du moulin

Préparation

1. Éliminez l'extrémité dure des asperges et coupez-les en tronçons de 3 à 4 cm.
2. Plongez les tomates quelques secondes dans de l'eau bouillante puis pelez-les et coupez-les en petits dés. Mettez-les ensuite à cuire quelques minutes dans l'eau bouillante avec les asperges.
3. Dans un wok, faites chauffer l'huile. Mettez-y les tomates et les asperges, poivrez et sucrez, puis laissez mijoter 15 minutes.
4. Dans une casserole d'eau salée bouillante, faites cuire les penne al dente. Égouttez-les, puis ajoutez-les aux tomates et aux asperges dans le wok. Ajoutez le parmesan râpé à la préparation et arrosez du jus de citron.
5. Répartissez les penne aux asperges dans des assiettes et saupoudrez de parmesan râpé. Ajoutez du jus de citron. Servez bien chaud.

Boulettes de riz au porc à la vapeur

Préparation : 30 minutes • Cuisson : 40 minutes • Difficulté : ★
Budget : ★

Pour 4 personnes

- ✔ 100 g de riz
- ✔ 1 oignon
- ✔ 1 bâton de citronnelle
- ✔ Ciboulette
- ✔ 200 g de chair à saucisse
- ✔ 1 gousse d'ail (hachée)
- ✔ 1 cuil. à café de gingembre frais (râpé)
- ✔ Sauce soja

Préparation

1. Faites tremper le riz dans de l'eau froide pendant 30 minutes.
2. Pendant ce temps, épluchez et hachez l'oignon. Enlevez les parties dures de la citronnelle et émincez-la. Détaillez quelques brins de ciboulette avec une paire de ciseaux.
3. Dans un bol, mélangez le riz égoutté avec la chair à saucisse, l'oignon, la citronnelle, l'ail, le gingembre et la ciboulette.
4. Formez avec vos mains des boulettes de la taille d'une noix.
5. Faites cuire ces boulettes à la vapeur pendant 40 minutes et servez chaud avec de la sauce soja.

Riz à la mexicaine

Préparation : 25 minutes • Cuisson : 35 minutes • Difficulté : ★
Budget : ★

Pour 4 personnes

- ✔ 1 cuil. à soupe d'ail en poudre
- ✔ 2 tomates
- ✔ 150 g de riz
- ✔ 10 cl d'huile de maïs
- ✔ 1 carotte
- ✔ 200 g de petits pois
- ✔ 2 cuil. à soupe de concentré de tomates
- ✔ Sel

Préparation

1. Préparez le bouillon : faites revenir l'ail dans une casserole avec les tomates coupées en petits morceaux et 40 cl d'eau. Salez.
2. Dans une casserole d'eau salée, faites cuire le riz comme indiqué sur le paquet puis égouttez-le.
3. Faites ensuite frire le riz dans une poêle avec l'huile, jusqu'à ce qu'il soit bien doré.
4. Ajoutez la carotte coupée en petits carrés, les petits pois, le concentré de tomates, puis le bouillon.
5. Laissez mijoter 20 minutes.
6. Laissez reposer 10 minutes avant de servir.

CONSEIL : VOUS POUVEZ REMPLACER LES PETITS POIS PAR DES HARICOTS ROUGES.

Riz aux légumes

Préparation : 15 minutes • Cuisson : 45 minutes • Difficulté : ★
Budget : ★

Pour 4 personnes

- ✔ 1 blanc de poireau
- ✔ 100 g de carottes
- ✔ 100 g de céleri
- ✔ 2 oignons
- ✔ 1 cuil. à soupe d'huile
- ✔ 200 g de riz basmati
- ✔ 50 cl de bouillon de légumes
- ✔ ½ bouquet de coriandre
- ✔ Sel et poivre

Préparation

1. Nettoyez le blanc de poireau et coupez-le en fines lamelles. Lavez, épluchez et coupez en petits dés les carottes, le céleri et les oignons.
2. Versez l'huile dans une sauteuse et faites-y revenir les dés de légumes et le poireau.
3. Ajoutez le riz aux légumes, mélangez pendant 2 à 3 minutes. Salez, poivrez.
4. Versez le bouillon de légumes et portez à ébullition. Couvrez puis réduisez le feu et laissez cuire environ 20 minutes jusqu'à ce que tout le bouillon soit absorbé.
5. Lavez et hachez la coriandre puis ajoutez-la au riz et laissez cuire encore 2 minutes. Servez chaud.

CONSEIL : VOUS POUVEZ AJOUTER DES MORCEAUX DE POULET PRÉALABLEMENT GRILLÉS.

Riz cantonais

Préparation : 10 minutes • Cuisson : 20 minutes • Difficulté : ★
Budget : ★

Pour 4 personnes

- ✔ 100 g de riz
- ✔ 4 œufs (extra frais)
- ✔ 1 cuil. à soupe d'huile d'olive
- ✔ 4 tranches de jambon blanc
- ✔ 200 g de petits pois surgelés
- ✔ Sel

Préparation

1. Faites cuire le riz dans de l'eau salée.
2. Dans un grand bol, battez les œufs en omelette. Salez légèrement. Faites chauffer l'huile dans une poêle, et faites-y cuire l'omelette. Découpez l'omelette en petits morceaux avec une spatule pendant la cuisson. Servez chaud.
3. Ajoutez le riz cuit, le jambon coupé en petits morceaux, puis les petits pois. Mélangez régulièrement. Salez modérément.
4. Servez chaud.

CONSEIL : AU MOMENT DE SERVIR, VOUS POUVEZ AJOUTER QUELQUES GOUTTES DE SAUCE SOJA.

Riz sauté aux champignons noirs

Préparation : 30 minutes • Cuisson : 20 minutes • Difficulté : ★★
Budget : ★★

Pour 4 personnes

- ✔ 100 g de brocolis
- ✔ 100 g de pois gourmands
- ✔ 2 carottes
- ✔ 1 gousse d'ail
- ✔ 2 oignons
- ✔ 1 racine de gingembre
- ✔ 200 g de riz parfumé au jasmin
- ✔ 50 g de champignons noirs
- ✔ 1 cuil. à soupe d'huile d'arachide
- ✔ 1 cuil. à soupe d'huile de sésame
- ✔ 1 cuil. à soupe de graines de sésame

Préparation

1. Lavez et détaillez le brocoli en petits bouquets. Rincez et essuyez les pois gourmands. Lavez, épluchez et coupez en fines rondelles les carottes. Épluchez et pressez l'ail. Épluchez et émincez les oignons. Épluchez et râpez le gingembre pour en conserver 1 cuil. à soupe.
2. Faites cuire le riz dans de l'eau bouillante comme indiqué sur le paquet. Égouttez-le et laissez-le refroidir. Réservez.
3. Faites tremper les champignons noirs déshydratés 10 minutes dans de l'eau bouillante. Égouttez-les et faites-les refroidir en les passant sous l'eau froide.
4. Faites chauffer dans un wok l'huile d'arachide et frire 30 secondes l'ail, l'oignon et le gingembre râpé. Ajoutez ensuite tous les champignons noirs et les légumes. Faites-les sauter pendant 5 minutes.
5. Incorporez le riz et l'huile de sésame à la préparation, puis faites frire le tout en remuant sans cesse.
6. Présentez dans un plat creux et parsemez de graines de sésame.

Conseil : Pour varier les plaisirs, vous pouvez réaliser cette recette en y intégrant une viande (porc ou poulet).

Riz sauvage aux crevettes

Préparation : 30 minutes • Cuisson : 45 minutes • Difficulté : ★
Budget : ★★

Pour 4 personnes

- ✔ 150 g de riz sauvage
- ✔ 60 cl de bouillon de volaille
- ✔ 8 crevettes cuites
- ✔ 4 champignons chinois séchés
- ✔ 1 gousse d'ail
- ✔ Ciboulette
- ✔ 2 œufs
- ✔ 150 g de pousses de bambou
- ✔ Sel et poivre

Préparation

1. Faites cuire le riz 45 minutes dans le bouillon de volaille.
2. Pendant ce temps, coupez les têtes de crevettes et décortiquez-les.
3. Émincez les champignons.
4. Hachez l'ail. Ciselez la ciboulette.
5. Faites cuire les œufs 7 minutes dans de l'eau bouillante afin qu'ils deviennent durs. Coupez-les en rondelles.
6. Coupez en morceaux les pousses de bambou.
7. Faites revenir à la poêle les champignons, les pousses de bambou, l'ail et la ciboulette. Salez et poivrez.
8. Ajoutez cette préparation au riz ainsi que les crevettes et les œufs.

Salade de riz au surimi

Préparation : 30 minutes • Difficulté : ★ Budget : ★

Pour 4 personnes

- ✔ 300 g de riz complet
- ✔ 200 g de surimi
- ✔ 1 botte de radis
- ✔ 250 g de tomates cerise
- ✔ Laitue
- ✔ 10 brins de ciboulette
- ✔ 2 cuil. à soupe de vinaigre balsamique
- ✔ Le jus de 1 citron
- ✔ Sel et poivre

Préparation

1. Faites cuire le riz une quinzaine de minutes. Faites refroidir, égouttez et réservez.
2. Lavez, équeutez et coupez les radis en fines rondelles.
3. Coupez les tomates en deux et découpez les bâtonnets de surimi en rondelles. Émincez la salade grossièrement. Ciselez la ciboulette.
4. Dans un saladier, mélangez le jus du citron, le vinaigre balsamique et la ciboulette.
5. Salez et poivrez. Ajoutez la salade, le riz, les tomates, les radis, le surimi. Mélangez bien.

Bonbons à la banane et à la pâte à tartiner

Préparation : 20 minutes • Cuisson : 25 minutes • Difficulté : ★
Budget : ★

Pour 4 personnes

- ✔ 4 bananes
- ✔ 15 g de beurre demi-sel
- ✔ 30 g de cassonade
- ✔ Le jus de 1 citron
- ✔ 4 feuilles de brick
- ✔ 100 g de pâte à tartiner
- ✔ 15 cl de crème fleurette

Préparation

1. Épluchez les bananes et coupez-les en rondelles.
2. Faites chauffer le beurre demi-sel dans une poêle et ajoutez les rondelles de banane avec la cassonade. Arrosez de jus de citron pour que les bananes ne noircissent pas. Laissez cuire à feu doux 10 minutes environ pour que les bananes deviennent fondantes.
3. Préchauffez le four à 180 °C (th. 6).
4. Découpez 8 grands rectangles dans les feuilles de brick et répartissez les bananes au centre. Roulez les rectangles et refermez-les comme des bonbons. Utilisez si besoin de la ficelle alimentaire pour refermer les extrémités.
5. Placez les bonbons sur une plaque de cuisson et enfournez pour qu'ils dorent 10 minutes.
6. Dans une petite casserole, faites fondre la pâte à tartiner avec la crème.
7. Sortez les bonbons du four et placez-en 2 par assiette puis nappez de sauce.

Chantilly à la pâte à tartiner

Préparation : 10 minutes • Repos : 1 heure • Cuisson : 10 minutes • Difficulté : ★ Budget : ★

Pour 6 personnes

- ✔ 25 cl de crème fleurette
- ✔ 2 cuil. à café de cacao amer en poudre
- ✔ 3 cuil. à soupe de pâte à tartiner
- ✔ 1 cuil. à soupe de sucre

Préparation

1. Dans une petite casserole, fouettez la crème fleurette avec le cacao pour bien le diluer. Ajoutez la pâte à tartiner et le sucre. Mélangez l'ensemble. Laissez fondre la pâte à tartiner lentement sur feu doux en mélangeant de temps en temps.
2. Laissez refroidir la crème puis versez dans un siphon et placez une cartouche de gaz, secouez le siphon puis replacez une seconde cartouche. Secouez de nouveau.
3. Placez le siphon la tête en bas au réfrigérateur au moins 1 heure avant de servir la chantilly.

Chocolats fourrés à la pâte à tartiner

Préparation : 15 minutes • Repos : 2 h 15 • Cuisson : 2 minutes • Difficulté : ★ Budget : ★

Pour 20 chocolats

- ✔ 200 g de chocolat noir de couverture
- ✔ 100 g de pâte à tartiner

Préparation

1. Faites fondre le chocolat au bain-marie.
2. À l'aide d'un pinceau, badigeonnez uniformément des petits moules à chocolat.
3. Réservez au réfrigérateur pendant 15 minutes.
4. Remplissez les cavités de pâte à tartiner puis nappez le dessus de chocolat fondu.
5. Placez les moules pendant 2 heures minimum au réfrigérateur pour faire durcir le tout.
6. Démoulez délicatement les chocolats avant de déguster.

Churros, sauce pâte à tartiner

Préparation : 10 minutes • Cuisson : 15 minutes • Difficulté : ★
Budget : ★

Pour 6 personnes

- ✔ 250 g de farine
- ✔ 4 g de sel
- ✔ Huile à frire
- ✔ 200 g de pâte à tartiner
- ✔ 70 g de sucre

Préparation

1. Faites chauffer 30 cl d'eau dans une casserole sans porter à ébullition.
2. Dans un grand saladier, mélangez la farine et le sel.
3. Versez doucement l'eau chaude et mélangez bien pour éviter les grumeaux.
4. Faites chauffer l'huile de friture.
5. Déposez la pâte à churros dans une poche avec une douille large cannelée.
6. Faites tomber dans la friture des churros de 6 à 8 cm environ. Laissez-les bien dorer puis égouttez-les et déposez-les sur du papier absorbant.
7. Faites fondre la pâte à tartiner pour le rendre liquide.
8. Saupoudrez les churros de sucre et savourez-les en les trempant dans la pâte à tartiner fondue.

Croissants à la pâte à tartiner

Préparation : 10 minutes • Cuisson : 15 minutes • Difficulté : ★
Budget : ★

Pour 16 croissants

- ✔ 1 rouleau de pâte feuilletée
- ✔ 150 g de pâte à tartiner
- ✔ 1 jaune d'œuf

Préparation

1. Préchauffez le four à 180 °C (th. 6).
2. Déroulez le rouleau de pâte feuilletée. Au couteau, divisez la pâte en 16 parties égales.
3. Déposez 1 cuil. à café de pâte à tartiner sur la partie la plus large puis roulez chaque croissant sans trop appuyer.
4. Placez les croissants sur une plaque de cuisson, espacez-les suffisamment.
5. Badigeonnez les croissants de jaune d'œuf puis enfournez pour 15 minutes de cuisson : les croissants doivent être bien dorés. Dégustez ensuite dès la sortie du four.

Crumble poire et pâte à tartiner

Préparation : 15 minutes • Cuisson : 25 minutes • Difficulté : ★
Budget : ★

Pour 4 personnes

- ✔ 50 g de sucre
- ✔ 50 g de farine
- ✔ 50 g de poudre d'amandes
- ✔ 50 g de beurre mou
- ✔ 4 poires
- ✔ 2 cuil. à soupe de cassonade
- ✔ 10 g de beurre demi-sel
- ✔ Le jus de 1 citron
- ✔ 6 cuil. à soupe de pâte à tartiner

Préparation

1. Préchauffez le four à 180 °C (th. 6).
2. Préparez la pâte à crumble. Dans un saladier, mélangez le sucre avec la farine. Ajoutez la poudre d'amandes et mélangez de nouveau. Incorporez le beurre mou et malaxez la pâte afin d'obtenir une pâte sableuse.
3. Répartissez la pâte à crumble sur une plaque de cuisson recouverte de papier sulfurisé en l'émiettant bien. Enfournez pour 15 minutes.
4. Laissez refroidir la pâte à crumble.
5. Épluchez les poires et coupez-les en petits dés.
6. Faites fondre le beurre demi-sel dans une poêle puis faites-y revenir les poires avec la cassonade. Arrosez de jus de citron pour éviter que les poires ne noircissent.
7. Répartissez les poires dans un plat, nappez de pâte à tartiner et recouvrez de pâte à crumble.
8. Servez aussitôt ou si besoin, faites réchauffer le crumble au four avant de servir.

Cupcakes à la pâte à tartiner

Préparation : 20 minutes • Cuisson : 11 minutes • Difficulté : ★
Budget : ★

Pour 20 cupcakes

Pour la base

- ✔ 100 g de beurre
- ✔ 3 œufs
- ✔ 100 g de sucre
- ✔ 120 g de farine
- ✔ ½ sachet de levure chimique
- ✔ 100 g de pâte à tartiner

Pour le glaçage

- ✔ 200 g de pâte à tartiner
- ✔ 150 g de mascarpone
- ✔ 30 g de sucre
- ✔ 20 cl de crème liquide

Préparation

1. Préchauffez le four à 180 °C (th. 6).
2. Faites fondre le beurre.
3. Fouettez les œufs avec le sucre. Ajoutez la farine et la levure puis versez le beurre fondu. Mélangez bien l'ensemble.
4. Placez des caissettes en papier dans les empreintes d'un moule à muffins.
5. Déposez une bonne cuillère à café de pâte dans le fond des caissettes, puis déposez un peu de pâte à tartiner. Recouvrez avec le reste de pâte. Les caissettes doivent être remplies aux deux tiers maximum.
6. Enfournez pour 10 minutes de cuisson.
7. Préparez le glaçage. Mélangez la pâte à tartiner avec le mascarpone et le sucre. Ajoutez un peu de crème liquide si le mélange est trop compact.
8. Versez la crème dans une poche à douille et décorez les cupcakes refroidis. Conservez les cupcakes au réfrigérateur avant de déguster.

Feuilletés à la pâte à tartiner et noisettes

Préparation : 10 minutes • Repos : 1 heure • Cuisson : 15 minutes • Difficulté : ★ Budget : ★

Pour 8 personnes

- ✔ 1 rouleau de pâte feuilletée
- ✔ 6 cuil. à soupe de pâte à tartiner
- ✔ 10 noisettes

Préparation

1. Déroulez la pâte feuilletée et tartinez l'ensemble de pâte à tartiner.
2. Mixez les noisettes et répartissez-les sur la pâte à tartiner.
3. Roulez la pâte puis enveloppez-la dans un film alimentaire.
4. Réservez 1 heure au congélateur.
5. Préchauffez le four à 180 °C (th. 6).
6. Sortez le rouleau de pâte feuilletée du congélateur et coupez des tronçons d'environ 2 cm d'épaisseur.
7. Déposez les feuilletés sur une plaque de cuisson et enfournez pour 15 minutes de cuisson.
8. À la sortie du four, laissez tiédir avant de déguster.

Financiers à la pâte à tartiner

Préparation : 15 minutes • Cuisson : 14 minutes • Difficulté : ★
Budget : ★

Pour 20 financiers

- ✔ 70 g de beurre
- ✔ 70 g de farine
- ✔ 90 g de poudre d'amandes
- ✔ 75 g de sucre
- ✔ 4 blancs d'œufs
- ✔ Extrait d'amande amère
- ✔ 150 g de pâte à tartiner

Préparation

1. Préchauffez le four à 210 °C (th. 7).
2. Faites fondre le beurre au four à micro-ondes.
3. Dans un saladier, mélangez la farine, la poudre d'amandes et le sucre. Ajoutez les blancs d'œufs et 3 gouttes d'extrait d'amande amère. Mélangez de nouveau. Versez ensuite le beurre fondu et remuez.
4. Versez la préparation dans des moules à financier.
5. Enfournez pour 12 minutes. À la sortie du four, démoulez et laissez refroidir les financiers.
6. Découpez les financiers dans l'épaisseur. Étalez de la pâte à tartiner sur une moitié et refermez avec la seconde.

Gâteau basque à la pâte à tartiner

Préparation : 20 minutes • Repos : 30 minutes • Cuisson : 40 minutes
Difficulté : ★ Budget : ★

Pour 6 personnes

- ✔ 300 g de farine
- ✔ 200 g de beurre mou
- ✔ 200 g de sucre
- ✔ 1 sachet de levure chimique
- ✔ 1 œuf
- ✔ 3 jaunes d'œufs
- ✔ 200 g de pâte à tartiner

Préparation

1. Préchauffez le four à 180 °C (th. 6).
2. Mélangez la farine, le beurre coupé en petits cubes, le sucre, la levure, un œuf entier et 2 jaunes d'œufs.
3. Travaillez la pâte à la main afin d'obtenir un mélange lisse et ferme. Formez une boule et laissez-la reposer 30 minutes au réfrigérateur.
4. Séparez la pâte en deux parties, l'une étant un peu plus grosse que l'autre.
5. Étalez au rouleau la plus grosse partie de pâte et tapissez le fond d'un moule rond antiadhésif en faisant dépasser la pâte des parois.
6. Nappez la pâte de pâte à tartiner. Étalez la seconde boule de pâte et déposez-la par-dessus en rabattant les bords et en soudant les deux parties.
7. Tracez des croisillons à la fourchette sur le dessus de la pâte et badigeonnez au pinceau de jaune d'œuf mélangé avec un peu d'eau.
8. Enfournez et faites cuire 40 minutes.
9. Démoulez et laissez refroidir avant de déguster.

Gâteau de crêpes à la pâte à tartiner

Préparation : 30 minutes • Repos : 7 heures • Cuisson : 25 minutes • Difficulté : ★ Budget : ★

Pour 6 personnes

- ✔ 6 cuil. à soupe de pâte à tartiner
- ✔ 100 g de beurre
- ✔ 150 g de sucre
- ✔ 2 œufs
- ✔ 175 g de farine
- ✔ ½ sachet de levure chimique
- ✔ 30 g de cacao en poudre

Préparation

1. Préparez la pâte à crêpes : mettez la farine et le sucre dans une terrine, faites un puits, cassez-y les œufs et versez un peu de lait. Mélangez.
2. Versez progressivement le reste de lait en continuant de remuer jusqu'à ce que la pâte devienne homogène et sans grumeaux. Parfumez avec le rhum. Laissez reposer 1 heure.
3. Faites cuire les crêpes dans une poêle à crêpes et beurrez-la régulièrement avec du beurre salé afin que les crêpes glissent toutes seules.
4. Montez le gâteau : déposez 3 crêpes puis tartinez de pâte à tartiner, recouvrez avec 2 crêpes sur le dessus puis tartinez de nouveau de pâte à tartiner. Renouvelez l'opération jusqu'à épuisement des crêpes. Terminez par une crêpe et parsemez de noisettes concassées.
5. Placez au réfrigérateur au moins 6 heures avant de déguster.

Madeleines à la pâte à tartiner

Préparation : 15 minutes • Cuisson : 10 minutes • Difficulté : ★
Budget : ★

Pour 20 madeleines

- ✔ 125 g de beurre
- ✔ 125 g de sucre
- ✔ 4 œufs
- ✔ 125 g de farine
- ✔ 1 sachet de levure chimique
- ✔ 2 gouttes d'eau de fleur d'oranger
- ✔ 100 g de pâte à tartiner

Préparation

1. Préchauffez le four à 180 °C (th. 6).
2. Faites fondre le beurre à feu doux. Versez-le dans un saladier puis versez le sucre. Mélangez puis ajoutez les œufs un à un, la farine, la levure et la fleur d'oranger. Mélangez.
3. Répartissez la pâte dans les moules à madeleine puis enfournez pour 10 minutes de cuisson.
4. À la sortie du four, laissez refroidir puis nappez la bosse de la madeleine de la pâte à tartiner. Avant de déguster, placez les madeleines 30 minutes au réfrigérateur pour faire durcir la pâte à tartiner.

Moelleux aux griottes et pâte à tartiner

Préparation : 15 minutes • Cuisson : 15 minutes • Difficulté : ★
Budget : ★

Pour 4 personnes

- ✔ 2 œufs
- ✔ 50 g de sucre
- ✔ 30 g de farine
- ✔ 100 g de chocolat noir
- ✔ 100 g de beurre
- ✔ 8 griottes dénoyautées
- ✔ 50 g de pâte à tartiner

Préparation

1. Préchauffez le four à 180 °C (th. 6).
2. Dans un saladier, fouettez les œufs avec le sucre. Le mélange doit blanchir et devenir mousseux. Ajoutez la farine et mélangez de nouveau.
3. Dans une casserole, faites fondre le chocolat cassé en morceaux avec le beurre. Versez ensuite sur la préparation œufs-sucre-farine.
4. Répartissez la moitié de la pâte dans des ramequins ou mini cocottes beurrés. Égouttez les griottes et placez-en 2 au centre de chaque ramequin, recouvrez de 1 cuil. à café de pâte à tartiner. Versez le reste de pâte.
5. Enfournez et faites cuire 10 minutes. Démoulez ou servez directement dans les ramequins ou cocottes.

Mousse à la pâte à tartiner

Préparation : 10 minutes • Repos : 4 heures • Cuisson : 10 minutes • Difficulté : ★ Budget : ★

Pour 4 personnes

- ✔ 100 g de chocolat noir
- ✔ 100 g de pâte à tartiner
- ✔ 6 œufs
- ✔ Sel

Préparation

1. Cassez le chocolat en petits morceaux dans un saladier et ajoutez la pâte à tartiner.
2. Placez le saladier au-dessus d'une casserole remplie à moitié d'eau et faites fondre le chocolat et la pâte à tartiner au bain-marie.
3. Séparez les jaunes et les blancs d'œufs.
4. Versez la préparation au chocolat sur les jaunes d'œufs et mélangez l'ensemble.
5. Montez les blancs d'œufs en neige ferme avec une pincée de sel. Incorporez-les délicatement au mélange.
6. Répartissez la mousse à la pâte à tartiner dans des verrines puis réservez au réfrigérateur au moins 4 heures avant de déguster.

Muffins cœur de pâte à tartiner

Préparation : 20 minutes • Cuisson : 22 minutes • Difficulté : ★
Budget : ★

Pour 15 muffins

- ✔ 100 g de beurre
- ✔ 2 œufs
- ✔ 100 g de sucre
- ✔ 10 cl de lait
- ✔ 1 yaourt nature
- ✔ 280 g de farine
- ✔ ½ sachet de levure chimique
- ✔ 100 g de pâte à tartiner
- ✔ Sel

Préparation

1. Préchauffez le four à 180 °C (th. 6).
2. Faites fondre le beurre.
3. Dans un saladier, battez les œufs en omelette et ajoutez le sucre et le beurre fondu. Mélangez puis incorporez le lait et le yaourt. Versez la farine, la levure et une pincée de sel. Mélangez bien l'ensemble.
4. Remplissez les moules à muffin jusqu'à la moitié et placez au centre une petite cuillère à café de pâte à tartiner. Recouvrez avec le reste de pâte à muffins.
5. Enfournez pour 20 minutes. Laissez ensuite tiédir avant de déguster.

Pain d'épices, nappage pâte à tartiner

Préparation : 15 minutes • Repos : 1 heure • Cuisson : 40 minutes • Difficulté : ★ Budget : ★

Pour 6 personnes

- ✔ 10 cl de lait
- ✔ 100 g de miel
- ✔ 65 g de cassonade
- ✔ 45 g de beurre
- ✔ 150 g de farine
- ✔ ½ sachet de levure chimique
- ✔ 1 cuil. à café de quatre-épices
- ✔ 1 œuf
- ✔ 150 g de pâte à tartiner

Préparation

1. Faites tiédir le lait dans une petite casserole. Hors du feu, ajoutez le miel, la cassonade et 40 g de beurre en remuant bien afin d'obtenir une consistance lisse.
2. Préchauffez le four à 180 °C (th. 6).
3. Dans un saladier, versez la farine, la levure et les épices. Cassez l'œuf et versez la préparation avec le lait. Mélangez bien l'ensemble.
4. Versez la préparation dans un moule à cake beurré et enfournez pour 25 minutes de cuisson.
5. Baissez la température du four à 150 °C (th. 5) et poursuivez la cuisson 15 minutes.
6. Démoulez le cake et laissez refroidir.
7. Nappez le pain d'épices de pâte à tartiner et placez au réfrigérateur 1 heure avant de déguster.

Panna cotta à la pâte à tartiner

Préparation : 20 minutes • Repos : 6 heures • Cuisson : 10 minutes • Difficulté : ★ Budget : ★

Pour 4 personnes

- ✔ 3 feuilles de gélatine
- ✔ 25 cl de crème liquide
- ✔ 25 cl de lait entier
- ✔ 40 g de sucre
- ✔ 6 cuil. à soupe de pâte à tartiner
- ✔ 15 noisettes mondées

Préparation

1. Faites ramollir les feuilles de gélatine dans un bol d'eau froide.
2. Versez la crème et le lait dans une casserole et ajoutez le sucre et la pâte à tartiner. Portez à ébullition.
3. Intégrez la gélatine essorée puis remuez.
4. Concassez les noisettes et ajoutez-les dans la crème.
5. Répartissez le mélange dans des ramequins ou verrines et placez au frais au moins 6 heures avant de servir.

Papillotes banane et pâte à tartiner

Préparation : 10 minutes • Cuisson : 15 minutes • Difficulté : ★
Budget : ★

Pour 4 personnes

- ✔ 4 bananes bien mûres
- ✔ 15 g de beurre demi-sel
- ✔ Le jus de 1 citron
- ✔ 4 cuil. à soupe de pâte à tartiner

Préparation

1. Préchauffez le four à 180 °C (th. 6).
2. Découpez 4 grands rectangles de papier d'aluminium.
3. Épluchez les bananes et coupez-les en deux dans l'épaisseur.
4. Déposez un peu de beurre puis deux moitiés de banane par rectangle, arrosez de jus de citron. Nappez de pâte à tartiner.
5. Refermez le papier d'aluminium pour former une papillote.
6. Enfournez pour 15 minutes de cuisson. Dégustez aussitôt.

Petites crèmes à la pâte à tartiner

Préparation : 10 minutes • Repos : 2 heures • Cuisson : 10 minutes • Difficulté : ★ Budget : ★

Pour 6 personnes

- ✔ 1 l de lait entier
- ✔ 50 g de chocolat noir
- ✔ 6 cuil. à soupe de pâte à tartiner
- ✔ 50 g de Maïzena®

Préparation

1. Faites chauffer le lait dans une casserole, ajoutez le chocolat noir coupé en morceau et la pâte à tartiner.
2. Aux premiers bouillons, versez la Maïzena et remuez pendant 5 bonnes minutes. Le mélange va alors s'épaissir.
3. Répartissez la crème au chocolat et la pâte à tartiner dans des verrines ou petits pots. Placez-les au réfrigérateur au moins 2 heures avant de déguster.

Petites crèmes entre amis

Préparation : 10 minutes • Repos : 3 heures • Cuisson : 7 minutes • Difficulté : ★ Budget : ★

Pour 4 personnes

- ✔ 4 cuil. à soupe de pâte à tartiner
- ✔ 3 jaunes d'œufs
- ✔ 25 g de sucre
- ✔ 25 g de lait
- ✔ 125 g de crème liquide

Préparation

1. Mélangez énergiquement les jaunes d'œufs et le sucre jusqu'à ce que le mélange blanchisse.
2. Portez le lait et la crème fraîche à ébullition. Versez le mélange chaud sur la première préparation. Mélangez et reversez dans la casserole.
3. Faites cuire à feu moyen pendant 5 minutes environ, laissez reposer quelques instants et ajoutez la pâte à tartiner délicatement tout en remuant.
4. Versez la préparation dans des verrines ou des pots à yaourt en verre et réservez au frais pendant 3 heures minimum. Laissez refroidir avant de déguster.

Muffins à la banane, nappage pâte à tartiner

Préparation : 20 minutes • Cuisson : 25 minutes • Difficulté : ★
Budget : ★

Pour 30 muffins

- ✔ 100 g de beurre
- ✔ 2 œufs
- ✔ 100 g de sucre
- ✔ 10 cl de lait
- ✔ 1 yaourt nature
- ✔ 280 g de farine
- ✔ ½ sachet de levure chimique
- ✔ 2 bananes
- ✔ 100 g de pâte à tartiner
- ✔ Sel

Préparation

1. Préchauffez le four à 180 °C (th. 6).
2. Faites fondre le beurre.
3. Dans un saladier, battez les œufs en omelette et ajoutez le sucre et le beurre fondu. Mélangez puis incorporez le lait, le yaourt, la farine et la levure ainsi qu'une pincée de sel. Mélangez bien l'ensemble.
4. Découpez les bananes en petits dés et ajoutez-les à la pâte à muffins.
5. Répartissez la pâte dans des petits moules à muffin.
6. Enfournez pour 20 minutes.
7. À la sortie du four, laissez refroidir les petits muffins puis nappez-les de pâte à tartiner. Dégustez aussitôt.

Riz au lait à la pâte à tartiner

Préparation : 15 minutes • Repos : 1 heure • Cuisson : 50 minutes • Difficulté : ★ Budget : ★

Pour 6 personnes

- ✔ 1 l de lait entier
- ✔ 1 gousse de vanille
- ✔ 180 g de riz rond
- ✔ 60 g de sucre
- ✔ 150 g de pâte à tartiner

Préparation

1. Versez le lait avec la gousse de vanille fendue dans une casserole. Dès que le lait commence à bouillir, versez le riz et laissez cuire à feu doux à couvert de 30 à 40 minutes. Dix minutes avant la fin de la cuisson, retirez la gousse de vanille, puis ajoutez le sucre.
2. Laissez tiédir le riz à température ambiante.
3. Dans des verrines ou des petits pots, déposez une couche de pâte à tartiner dans le fond et recouvrez à moitié de riz au lait. Si vous le souhaitez, vous pouvez déposer une seconde couche de pâte à tartiner puis de riz au lait.
4. Réservez les riz au lait au moins 1 heure au réfrigérateur avant de déguster.

Sablés à la pâte à tartiner

Préparation : 15 minutes • Repos : 1 heure • Cuisson : 10 minutes • Difficulté : ★ Budget : ★

Pour 20 sablées

- ✔ 50 g de sucre
- ✔ 1 sachet de sucre vanillé
- ✔ 70 g de beurre mou
- ✔ 125 g de farine
- ✔ 1 jaune d'œuf
- ✔ 150 g de pâte à tartiner
- ✔ Sucre glace

Préparation

1. Dans un saladier, déposez les sucres, le beurre et la farine. Travaillez la pâte avec les doigts ou au robot pour obtenir une pâte sableuse. Ajoutez l'œuf et formez une boule. Enveloppez la boule dans du film alimentaire et réservez-la au réfrigérateur pendant 1 heure.
2. Préchauffez le four à 180 °C (th. 6).
3. À l'aide d'un rouleau à pâtisserie, étalez la pâte et formez des sablés avec un emporte-pièce.
4. Placez les sablés sur une plaque de cuisson et enfournez pour 10 minutes de cuisson.
5. Laissez les sablés refroidir puis nappez la moitié d'une bonne couche de pâte à tartiner et déposez dessus un second sablé sans trop appuyer.
6. Servez les sablés à la pâte à tartiner recouverts de sucre glace.

Soufflé à la pâte à tartiner

Préparation : 10 minutes • Cuisson : 20 minutes • Difficulté : ★
Budget : ★

Pour 4 personnes

- ✔ 4 œufs
- ✔ 200 g de pâte à tartiner
- ✔ 10 g de beurre
- ✔ 15 g de sucre
- ✔ Sucre glace

Préparation

1. Préchauffez le four à 200 °C (th. 6-7).
2. Séparez les jaunes des blancs d'œufs.
3. Mélangez les jaunes d'œufs avec la pâte à tartiner.
4. Montez les blancs d'œufs en neige bien ferme, puis incorporez-les délicatement au mélange jaunes d'œufs et pâte à tartiner.
5. Beurrez 4 petits moules et saupoudrez les parois de sucre. Versez-y la préparation à soufflé.
6. Enfournez les petits soufflés pour 20 minutes.
7. À la sortie du four, saupoudrez les soufflés de sucre glace et dégustez-les aussitôt.

Tarte fine à la banane et à la pâte à tartiner

Préparation : 15 minutes • Cuisson : 25 minutes • Difficulté : ★
Budget : ★

Pour 4 personnes

- ✔ 1 rouleau de pâte feuilletée
- ✔ 5 bananes
- ✔ Jus de citron
- ✔ 2 sachets de sucre vanillé
- ✔ 150 g de pâte à tartiner

Préparation

1. Préchauffez le four à 180 °C (th. 6).
2. Déroulez la pâte feuilletée et posez-la sur une plaque de cuisson.
3. Épluchez les bananes et coupez-les en rondelles. Répartissez les rondelles de banane sur le fond de pâte. Arrosez les bananes de jus de citron pour éviter qu'elles noircissent puis saupoudrez-les de sucre vanillé.
4. Étalez la pâte à tartiner sur les bananes.
5. Enfournez pour 25 minutes de cuisson.
6. À la sortie du four, laissez un peu tiédir avant de déguster.

Bouquet de fleurs

Préparation : 2 heures • Repos : 1 heure • Cuisson : 40 minutes • Difficulté : ★ Budget : ★

Pour 6 personnes

Pour la crème

- ✔ 50 cl de lait
- ✔ 1 gousse de vanille
- ✔ 3 œufs
- ✔ 100 g de sucre
- ✔ 50 g de Maïzena®

Pour la génoise

- ✔ 4 jaunes d'œufs
- ✔ 150 g de sucre
- ✔ 150 g de farine
- ✔ 100 g de beurre
- ✔ 30 cl de jus de fruits rouges
- ✔ 200 g de framboises
- ✔ 150 g de Finger®
- ✔ 25 fleurs en sucre
- ✔ Feuille en papier azyme

Préparation

1. Préparez la crème : portez le lait à ébullition avec la gousse de vanille fendue en deux. Fouettez les œufs et le sucre jusqu'à ce que le mélange blanchisse. Ajoutez la Maïzena puis versez le lait chaud après avoir gratté les graines de vanille et retiré la gousse. Faites épaissir la crème à feu doux. Recouvrez de film alimentaire et laissez refroidir.

2. Préparez la génoise : fouettez les jaunes d'œufs et le sucre. Ajoutez 2 cuil. à soupe d'eau très chaude en continuant de fouetter. Le mélange doit tripler de volume et blanchir. Ajoutez la farine tamisée. Versez la préparation dans un moule de 18 cm de diamètre. Placez au four à 180 °C (th. 6) pour 30 minutes. Démoulez à la sortie du four et laissez refroidir.

3. Prélevez 150 g de la crème et ajoutez-y le beurre ramolli au batteur électrique.

4. Coupez la génoise en trois. Humectez le premier disque avec le jus de fruits puis étalez-y la moitié de la crème pâtissière et la moitié des framboises. Posez dessus la deuxième génoise puis recommencez l'opération. Terminez par le troisième disque de génoise imbibé de jus de fruits. Le gâteau doit faire la hauteur d'un Finger.

5. Étalez la crème au beurre sur toute la surface du gâteau et collez les biscuits autour. Piquez les fleurs en sucre sur toute la surface. Utilisez des cure-dents pour aider à créer une tige et faciliter l'installation puis placez les feuilles. Gardez au frais 1 heure.

Lapin gourmand

Préparation : 2 heures • Repos : 1 heure • Cuisson : 40 minutes • Difficulté : ★ Budget : ★

Pour 8 personnes

Pour la crème

- ✔ 50 cl de lait
- ✔ 1 gousse de vanille
- ✔ 3 œufs
- ✔ 100 g de sucre
- ✔ 50 g de Maïzena®
- ✔ 200 g de beurre

Pour la génoise

- ✔ 6 jaunes d'œufs
- ✔ 200 g de sucre
- ✔ 200 g de farine
- ✔ 2 sachets de sucre vanillé
- ✔ 200 g de fruits au sirop
- ✔ Colorants alimentaires (bleu, vert et orange)
- ✔ 2 paquets de Finger®
- ✔ 200 g de pâte d'amandes blanche

Préparation

1. Préparez la crème : portez le lait à ébullition avec la gousse de vanille fendue en deux. Fouettez les œufs et le sucre jusqu'à ce que le mélange blanchisse. Ajoutez la Maïzena puis versez le lait chaud après avoir retiré la gousse. Faites épaissir à feu doux. Hors du feu, ajoutez la moitié du beurre, mélangez bien, recouvrez de film alimentaire puis laissez refroidir.
2. Préparez la génoise : fouettez les jaunes d'œufs et le sucre, ajoutez 2 cuil. à soupe d'eau très chaude en continuant de fouetter. Le mélange doit tripler de volume et blanchir. Ajoutez alors la farine tamisée et le sucre vanillé. Versez dans un moule de 24 cm de diamètre. Mettez au four à 180 °C (th. 6) pour 30 minutes. Démoulez et laissez refroidir sur une grille.
3. Fouettez la crème avec le restant de beurre ramolli au batteur électrique pour qu'elle devienne mousseuse.
4. Coupez la génoise en trois. Placez le premier disque de génoise dans un plat, humectez-le avec le jus des fruits au sirop, étalez un tiers de la crème et la moitié des fruits. Recommencez l'opération et finissez par le troisième disque de génoise imbibé de jus de fruits. Ajoutez quelques gouttes de colorant vert au restant de crème et étalez-la sur toute la surface du gâteau. Coupez les biscuits à la hauteur du gâteau et collez-les autour. Façonnez un lapin et des carottes à l'aide de la pâte d'amandes et des colorants. Placez au frais 1 heure. Sortez le gâteau 20 minutes avant de le servir.

Brochettes de fruits frais

Préparation : 15 minutes • Difficulté : ★ Budget : ★★

Pour 2 brochettes

- ✔ 4 fraises
- ✔ 1 kiwi
- ✔ 1 banane
- ✔ 1 paquet de Mikado®
- ✔ 200 g de fromage blanc
- ✔ 2 cuil. à café de sucre

Préparation

1. Lavez soigneusement les fraises, équeutez-les et séchez-les. Épluchez le kiwi, la banane et coupez-les en morceaux.
2. Placez délicatement les fruits sur les Mikado, ne chargez pas trop pour ne pas les casser. Vous pouvez commencer par perforer les fruits avec une broche pour faciliter le montage des fruits sur le Mikado.
3. Servez les brochettes de fruits aussitôt, accompagnées de fromage blanc sucré.

Cake pops Mikado®

Préparation : 40 minutes • Repos : 1 heure • Cuisson : 30 minutes • Difficulté : ★ Budget : ★

Pour 30 cake pops

- ✔ 200 g de chocolat noir
- ✔ 120 g de beurre
- ✔ 4 œufs
- ✔ 150 g de sucre
- ✔ 1 sachet de levure chimique
- ✔ 100 g de farine
- ✔ 250 g de chocolat noir de couverture
- ✔ 2 boîtes de Mikado®

Préparation

1. Préchauffez le four à 180 °C (th. 6).
2. Faites fondre le chocolat au bain-marie. Ajoutez le beurre dès que le chocolat commence à fondre.
3. Dans un saladier, mélangez les œufs et le sucre. Ajoutez ensuite la levure puis la farine. Mélangez de nouveau. Versez le chocolat fondu avec le beurre et remuez pour obtenir une pâte sans grumeaux. Versez la pâte dans un moule anti adhésif et enfournez pour 20 minutes.
4. Sortez le gâteau du four et laissez-le refroidir complètement après l'avoir démoulé. Mixez le gâteau afin d'obtenir des miettes.
5. Faites fondre 100 g de chocolat de couverture au bain-marie. Versez-le sur le gâteau réduit en miettes. Mélangez délicatement.
6. Réalisez alors une vingtaine de petites boulettes. Enfoncez un Mikado dans chaque cake pop pour former une brochette. Placez-les ensuite au réfrigérateur.
7. Pendant ce temps, faites fondre le reste de chocolat de couverture au bain-marie. Plongez délicatement (le Mikado étant assez fragile) les cake pops dans le chocolat puis placez-les dans un verre pour faire durcir le chocolat. Avant que celui-ci soit complètement dur, roulez les cake pops dans le reste des Mikado mixés.
8. Placez au réfrigérateur avant de servir.

Chocolat et menthe poivrée

Préparation : 45 minutes • Repos : 3 heures • Cuisson : 10 minutes • Difficulté : ★ Budget : ★★

Pour 6 personnes

✔ 90 g de Mikado®

Pour la crème à la menthe

✔ 30 cl de lait

✔ 2 œufs

✔ 40 g de sucre

✔ 30 g de Maïzena®

✔ 10 feuilles de menthe

✔ Colorant alimentaire vert

Pour la crème chocolatée

✔ 10 feuilles de menthe

✔ 30 cl de lait

✔ 20 cl de crème liquide

✔ 3 jaunes d'œufs

✔ 50 g de sucre

✔ 150 g de chocolat

Préparation

1. Préparez la crème à la menthe : faites macérer les feuilles de menthe dans le lait pendant 1 heure.
2. Faites bouillir le lait avec les feuilles. Battez les œufs avec le sucre et la Maïzena puis versez le lait bouillant filtré. Ajoutez quelques gouttes de colorant vert.
3. Remettez sur feu doux et faites épaissir. Versez cette crème dans les verrines et laissez refroidir.
4. Préparez la crème chocolatée : faites macérer les feuilles de menthe dans le lait pendant 1 heure.
5. Mettez le lait avec les feuilles de menthe et la crème à bouillir dans une casserole. Battez les jaunes d'œufs avec le sucre.
6. Filtrez le lait pour retirer les feuilles de menthe, ajoutez le mélange œufs-sucre et faites épaissir sur feu doux puis ajoutez le chocolat. Mélangez jusqu'à ce que le chocolat soit totalement fondu.
7. Placez 4 Mikado de taille différente dans la crème à la menthe. Versez dessus la crème chocolatée. Placez au frais 2 heures.
8. Décorez de feuilles de menthe avant de servir.

Conseil : VOUS POUVEZ UTILISER DE LA MENTHE CLASSIQUE OU LA REMPLACER PAR 2 CUIL. À SOUPE DE SIROP DE MENTHE GLACIALE POUR CHAQUE CRÈME.

C'est l'heure du goûter !

Préparation : 40 minutes • Repos : 2 heures • Difficulté : ★★ Budget : ★

Pour 4 verrines

- ✔ 2 cuil. à soupe de pâte à tartiner au chocolat
- ✔ 3 cuil. à soupe de lait
- ✔ 14 cl de crème liquide entière
- ✔ 100 g de fromage blanc
- ✔ 80 g de crème anglaise
- ✔ 6 petits-beurre
- ✔ ½ cuil. à soupe d'agar-agar
- ✔ Smarties®

Préparation

1. Diluez la pâte à tartiner avec le lait et versez-la dans le fond des verrines.
2. Montez la crème en chantilly et réservez au frais.
3. Mélangez le fromage blanc et la crème anglaise.
4. Réduisez les biscuits en poudre et ajoutez-les au mélange.
5. Ajoutez l'agar-agar dilué dans un peu de crème et porté à ébullition.
6. Ajoutez la crème chantilly. Versez la mousse biscuitée sur le chocolat.
7. Placez au frais 2 heures minimum. Décorez de bonbons avant de servir.

Conseil : Ne déposez pas les bonbons à l'avance sur la mousse, le sucre coloré risque de fondre et de baver. Vous pouvez remplacer l'agar-agar par 1 feuille de gélatine ramollie dans l'eau froide et fondue au four à micro-ondes.

Cheesecake new-yorkais

Préparation : 20 minutes • Repos : 30 minutes + 1 nuit • Cuisson : 50 minutes • Difficulté : ★ Budget : ★

Pour 8 personnes

Pour le biscuit

✔ 150 g de petits-beurre
✔ 50 g de beurre

Pour le cheesecake

✔ 600 g de fromage frais Philadelphia®
✔ 20 cl de crème fraîche épaisse
✔ 120 g de sucre
✔ 1 cuil. à soupe de vanille liquide
✔ 4 œufs

Préparation

1. Préchauffez le four à 150 °C (th. 5).
2. Réduisez les biscuits en poudre avec un robot mixeur. Faites fondre le beurre au micro-ondes et ajoutez-le aux biscuits. Mélangez puis versez le tout dans un moule à charnière de 20 cm de diamètre avec une feuille de papier sulfurisé dans le fond. À l'aide d'une cuillère à soupe, tassez dans le fond. Placez au frais 30 minutes.
3. Fouettez le fromage frais avec la crème, le sucre et la vanille puis ajoutez un à un les œufs en mélangeant bien entre deux. Versez cette crème dans le moule graissé et lissez la surface.
4. Mettez au four pour 50 minutes puis éteignez-le et laissez-y refroidir le cheesecake, puis placez une nuit au frais avant de démouler.

Conseil : SERVEZ ACCOMPAGNÉ D'UNE COMPOTÉE DE FRUITS ROUGES, DE LEMON CURD OU DE SAUCE CARAMEL.

Mousse de citron aux petits-beurre

Préparation : 15 minutes • Repos : 3 heures • Cuisson : 5 minutes • Difficulté : ★ Budget : ★

Pour 6 personnes

- ✔ 2 feuilles de gélatine
- ✔ 2 citrons non traités
- ✔ 250 g de fromage blanc à 20 % de matières grasses
- ✔ 3 blancs d'œufs
- ✔ 50 g de sucre glace
- ✔ 10 petits-beurre
- ✔ Sel

Préparation

1. Faites tremper les feuilles de gélatine dans un bol d'eau froide.
2. Lavez les citrons et prélevez le jus des 2 citrons et les zestes d'un seul citron. Coupez les zestes en très petits morceaux.
3. Mélangez le fromage blanc avec le jus des citrons et les zestes.
4. Essorez la gélatine et faites-la fondre dans une casserole sur feu doux avec 1 cuil. à soupe d'eau.
5. Ajoutez la gélatine fondue au fromage blanc et mélangez vigoureusement.
6. Montez les blancs d'œufs en neige avec une pincée de sel. Dès que les œufs commencent à mousser, ajoutez le sucre glace et continuez de fouetter pour obtenir des œufs à la neige bien fermes.
7. Incorporez délicatement les œufs en neige au fromage blanc au citron.
8. Mixez grossièrement les petits-beurre et répartissez-les dans le fonds des verrines. Recouvrez de mousse au citron.
9. Réservez au réfrigérateur pour 3 heures avant de déguster bien frais.

Tiramisu aux spéculoos

Préparation : 15 minutes • Repos : 3 heures •
Difficulté : ★ Budget : ★

Pour 6 personnes

- ✔ 4 œufs
- ✔ 50 g de sucre
- ✔ 250 g de mascarpone
- ✔ 150 g de pâte de spéculoos
- ✔ 10 spéculoos
- ✔ Cacao en poudre

Préparation

1. Séparez les jaunes des blancs d'œufs.
2. Fouettez les jaunes d'œufs avec le sucre afin que le mélange blanchisse et devienne mousseux. Incorporez le mascarpone et mélangez pour que le mélange soit bien lisse. Ajoutez la pâte de spéculoos et mélangez de nouveau.
3. Montez les blancs d'œufs en neige bien ferme puis incorporez-les délicatement à la crème mascarpone-spéculoos.
4. Émiettez les spéculoos et répartissez-les au fond des verrines. Versez la crème mascarpone-spéculoos puis saupoudrez de cacao.
5. Réservez au moins 3 heures au réfrigérateur avant de déguster.

Riz au lait à la cannelle et spéculoos

Préparation : 15 minutes • Repos : 1 heure • Cuisson : 40 minutes • Difficulté : ★ Budget : ★

Pour 6 personnes

- ✔ 1 l de lait entier
- ✔ 1 bâton de cannelle
- ✔ 180 g de riz rond
- ✔ 60 g de sucre
- ✔ 150 g de pâte de spéculoos
- ✔ 6 spéculoos

Préparation

1. Versez le lait avec le bâton de cannelle dans une casserole. Dès que le lait commence à bouillir, versez le riz et laissez cuire à feu doux à couvert pendant 30 à 40 minutes. Dix minutes avant la fin de la cuisson, retirez le bâton de cannelle, puis ajoutez le sucre. Laissez ensuite tiédir le riz à température ambiante.
2. Dans des verrines ou des petits pots, déposez une couche de pâte de spéculoos dans le fond et recouvrez de riz au lait.
3. Réservez les riz au lait au moins 1 heure au réfrigérateur avant de déguster.
4. Avant de servir, saupoudrez les riz au lait de spéculoos mixés.

Mousses au chocolat et aux spéculoos

Préparation : 30 minutes • Repos : 24 heures • Cuisson : 5 minutes • Difficulté : ★ Budget : ★

Pour 4 personnes

- ✔ 100 g de chocolat dessert
- ✔ 3 œufs
- ✔ 6 spéculoos

Préparation

1. Séparez les jaunes des blancs d'œufs.
2. Faites fondre le chocolat au bain-marie. Hors du feu, ajoutez les jaunes d'œufs un à un en mélangeant énergiquement.
3. Montez les blancs d'œufs en neige et incorporez-les délicatement au chocolat.
4. Réduisez les spéculoos en poudre à l'aide d'un mixeur et ajoutez-les à la mousse.
5. Répartissez la préparation dans 4 bols et placez au frais 24 heures.

Macarons aux spéculoos

Préparation : 1 heure • Repos : 24 heures • Cuisson : 20 minutes • Difficulté : ★★ Budget : ★

Pour 30 macarons

Pour les coques

- ✔ 200 g de sucre glace
- ✔ 110 g de poudre d'amandes
- ✔ 95 g de blancs d'œufs
- ✔ 30 g de sucre
- ✔ Colorant alimentaire brun
- ✔ Spéculoos

Pour la garniture

- ✔ 1 œuf
- ✔ 20 g de sucre
- ✔ 10 cl de lait
- ✔ 10 g de Maïzena®
- ✔ 80 g de spéculoos
- ✔ 100 g de beurre

Préparation

1. Mixez le sucre glace et la poudre d'amandes. Montez les blancs en neige avec une pincée de sucre. Quand le mélange commence à mousser, ajoutez petit à petit le sucre. Lorsque tout le sucre est incorporé, augmentez doucement la vitesse du batteur et fouettez jusqu'à l'obtention d'une belle meringue. Ajoutez une pointe de colorant brun à la préparation. Ajoutez un tiers de mélange poudre d'amandes-sucre glace, mélangez à la spatule pour assouplir la masse. Ajoutez le restant de poudre et mélangez délicatement à la spatule.
2. Remplissez une poche munie d'une douille de 8 mm et dressez les macarons sur une plaque de cuisson couverte de papier sulfurisé. Tapez avec le plat de la main sous la plaque pour uniformiser les macarons et chasser les bulles d'air. Laissez croûter 30 minutes. Parsemez les coques de poudre de spéculoos. Placez au four pour 15 minutes à 150 °C (th. 5). Retournez la plaque à mi-cuisson. Laissez-les refroidir complètement avant de les décoller.
3. Mélangez l'œuf et le sucre jusqu'à ce que le mélange blanchisse. Faites bouillir le lait. Ajoutez la Maïzena et versez le lait bouillant dessus. Ajoutez les spéculoos en poudre. Faites épaissir à feu doux. Laissez refroidir.
4. Battez le beurre en pommade avec d'un fouet électrique et ajoutez petit à petit la crème. Garnissez les macarons avec une poche à douille et réservez 24 heures au frais.

Flan aux spéculoos

Préparation : 20 minutes • Cuisson : 45 minutes • Difficulté : ★
Budget : ★

Pour 8 personnes

- ✔ 100 g de farine
- ✔ 100 g de sucre
- ✔ 5 œufs
- ✔ 75 cl de lait
- ✔ 25 cl de crème liquide
- ✔ 5 cuil. à soupe de pâte de spéculoos
- ✔ Beurre
- ✔ 10 spéculoos

Préparation

1. Préchauffez le four à 210 °C (th. 7).
2. Dans un saladier, mélangez la farine avec le sucre. Ajoutez les œufs un à un et mélangez entre chaque œuf.
3. Dans une casserole, faites chauffer le lait avec la crème et la pâte de spéculoos. Portez à ébullition et versez sur le mélange farine-sucre-œufs. Mélangez l'ensemble.
4. Versez la préparation dans un moule beurré et enfournez pour 35 minutes.
5. À la sortie du four, laissez refroidir et saupoudrez le flan de spéculoos émiettés.

Moelleux aux spéculoos

Préparation : 40 minutes • Repos : 3 heures • Cuisson : 20 minutes • Difficulté : ★★ Budget : ★

Pour 6 personnes

Pour la pâte de spéculoos

- ✔ 200 g de spéculoos
- ✔ 50 g de beurre mou
- ✔ 9 cl de lait
- ✔ 60 g de sirop de glucose
- ✔ 100 g de chocolat blanc

Pour les moelleux

- ✔ 50 g de beurre tempéré
- ✔ 60 g de sucre
- ✔ 3 œufs
- ✔ 3 cuil. à soupe de crème liquide
- ✔ 150 g de farine
- ✔ ½ sachet de levure chimique
- ✔ ¾ de cuil. à café de sel

Préparation

1. Préparez la pâte de spéculoos. Réduisez les biscuits en poudre à l'aide d'un mixeur puis ajoutez le beurre pommade.
2. Dans une casserole, faites chauffer le lait et le sirop de glucose puis versez le lait bouillant sur le chocolat blanc. Remuez jusqu'à l'obtention d'un mélange homogène.
3. Incorporez ce dernier aux spéculoos. Remplissez 6 empreintes à mini bouchée ou un bac à glaçons que vous placerez au congélateur 2 heures minimum. Réservez le reste dans un bocal en verre.
4. Préparez les moelleux. Mélangez 180 g de la pâte de spéculoos, le beurre tempéré et le sucre. Ajoutez les œufs un à un, la crème puis incorporez la farine, la levure et le sel.
5. Mettez dans 6 moules individuels beurrés ou en silicone, laissez reposer 1 heure au frais. Placez au centre de chaque moelleux un glaçon de pâte de spéculoos sans trop enfoncer. Mettez au four préchauffé à 200 °C (th. 6-7) pour 20 minutes.
6. À la sortie du four, attendez 5 minutes puis démoulez et laissez refroidir sur une grille. Servez de préférence tiède.

Pâte aux spéculoos

Préparation : 15 minutes • Cuisson : 5 minutes • Difficulté : ★
Budget : ★

Pour 1 pot

- ✔ 200 g de spéculoos
- ✔ 50 g de beurre mou
- ✔ 9 cl de lait
- ✔ 60 g de sirop de glucose
- ✔ 100 g de chocolat blanc

Préparation

1. Réduisez les spéculoos en poudre à l'aide d'un mixeur, puis ajoutez le beurre en pommade et mélangez bien.
2. Dans une casserole, faites chauffer le lait et le sirop de glucose, puis versez le lait bouillant sur le chocolat blanc. Remuez jusqu'à l'obtention d'un mélange homogène.
3. Ajoutez ce mélange aux spéculoos et remuez bien.
4. Versez dans un pot en verre propre, fermez-le et laissez-le refroidir à température ambiante. Une fois refroidie, vous pouvez conserver la pâte pendant 3 semaines au réfrigérateur.

Charlotte aux fraises

Préparation : 2 heures • Repos : 4 heures • Cuisson : 5 minutes •
Difficulté : ★★ Budget : ★★

Pour 8 personnes

Pour la mousse aux fraises

- ✔ 300 g de fraises
- ✔ 4 feuilles de gélatine
- ✔ 30 cl de crème fleurette
- ✔ 120 g de sucre
- ✔ 10 cl de coulis de fraises
- ✔ 40 boudoirs
- ✔ 300 g de fraises
- ✔ 10 cl de crème liquide entière

Préparation

1. Préparez la mousse : réduisez les fraises en purée. Portez cette purée à ébullition et ajoutez la gélatine ramollie dans l'eau froide. Montez la crème fleurette en chantilly, ajoutez le sucre et incorporez l'ensemble aux fraises.
2. Chemisez un moule à charlotte de papier sulfurisé. Diluez le coulis de fraises dans 20 cl d'eau. Imbibez-en les biscuits et placez-les sur le fond et le pourtour du moule, face plate vers l'extérieur.
3. Versez ensuite la moitié de la mousse aux fraises, déposez des fraises coupées en deux puis couvrez de boudoirs imbibés. Recommencez l'opération pour remplir la charlotte et placez-la au frais pendant 4 heures.
4. Démoulez la charlotte en retournant le moule sur le plat de service.
5. Placez la crème liquide montée en chantilly par-dessus et décorez de fraises entières.
6. Placez au frais jusqu'au moment de servir et finissez de décorer en entourant la charlotte d'un ruban.

Mousse de citron, coulis de fraises et menthe

Préparation : 15 minutes • Difficulté : ★ Budget : ★

Pour 4 personnes

- ✔ 250 g de mascarpone
- ✔ 60 g de sucre
- ✔ 3 blancs d'œufs
- ✔ 1 citron
- ✔ 300 g de fraises
- ✔ 3 feuilles de menthe
- ✔ 1 paquet de boudoir
- ✔ Sel

Préparation

1. Fouettez le mascarpone avec le sucre.
2. Montez les blancs d'œufs en neige ferme avec une pincée de sel. Incorporez délicatement les blancs d'œufs au mélange mascarpone-sucre.
3. Pressez le citron, versez le jus dans la mousse et mélangez doucement.
4. Lavez et équeutez les fraises. Réduisez-les en coulis au mixeur avec les feuilles de menthe.
5. Répartissez les boudoirs le long des parois des verrines, versez la mousse citronnée puis le coulis de fraises à la menthe.
6. Réservez au frais si besoin avant de déguster.

Gratin pomme et banane

Préparation : 10 minutes • Cuisson : 15 minutes • Difficulté : ★
Budget : ★

Pour 2 personnes

- ✔ 1 pomme
- ✔ 1 banane
- ✔ 2 boudoirs

Préparation

1. Épluchez la pomme, lavez-la et ôtez les pépins. Coupez-la en morceaux.
2. Épluchez la banane et coupez-la en rondelles.
3. Dans une casserole, faites cuire les morceaux de fruits pendant 10 minutes avec un fond d'eau. Mixez.
4. Faites préchauffer le gril du four.
5. Écrasez les boudoirs en miettes.
6. Versez la compote de fruits dans 2 ramequins, saupoudrez avec les miettes de boudoir et faites dorer sous le gril pendant 5 minutes.

CONSEIL : VOUS POUVEZ REMPLACER LA BANANE PAR UNE POIRE.

Bavarois à la fraise et aux madeleines

Préparation : 20 minutes • Repos : 5 heures • Cuisson : 10 minutes • Difficulté : ★ Budget : ★

Pour 4 personnes

- ✔ 500 g de fraises
- ✔ 2 feuilles de gélatine
- ✔ 40 g de sucre
- ✔ 25 cl de crème fleurette
- ✔ 3 cuil. à soupe de sucre glace
- ✔ 4 madeleines
- ✔ 15 cl de coulis de fraises

Préparation

1. Équeutez 400 g de fraises. Réservez le reste pour la décoration. Mixez les fraises pour obtenir une purée.
2. Faites ramollir les feuilles de gélatine dans un bol d'eau.
3. Dans une casserole, faites chauffer à feu doux la purée de fraises avec le sucre et ajoutez les feuilles de gélatine ramollies et essorées. Mélangez pour bien faire dissoudre la gélatine. Faites tiédir les fraises.
4. Fouettez la crème fleurette bien froide pour obtenir une chantilly. Dès qu'elle commence à mousser, ajoutez le sucre glace et continuez de fouetter pour obtenir une chantilly bien ferme. Versez la purée de fraises sur la chantilly et mélangez délicatement.
5. Découpez les madeleines afin de garder d'un côté la bosse et de l'autre la partie plate.
6. Dans des moules en silicone en forme de demi-sphère, déposez au centre la bosse des madeleines. Versez dessus la préparation à bavarois afin de remplir les demi-sphères. Placez au réfrigérateur pendant 2 heures pour faire prendre l'ensemble puis mettez au congélateur 1 heure, ce qui facilitera le démoulage.
7. Deux heures avant de servir, démoulez les bavarois et déposez-les sur la partie plate des madeleines. Déposez des fraises entières et nappez de coulis de fraises.

Crème brûlée saveur madeleine

Préparation : 10 minutes • Repos : 3 heures • Cuisson : 55 minutes • Difficulté : ★ Budget : ★

Pour 4 personnes

- ✔ 4 madeleines
- ✔ 30 cl de crème liquide entière
- ✔ 30 cl de lait entier
- ✔ 6 jaunes d'œufs
- ✔ 40 g de sucre
- ✔ Cassonade

Préparation

1. Préchauffez le four à 90 °C (th. 3).
2. Dans une casserole, faites infuser sur feu moyen les madeleines dans la crème et le lait.
3. Dans un saladier, fouettez les jaunes d'œufs avec le sucre et versez dessus le mélange crème-lait en filtrant les madeleines à l'aide d'une passoire. Mélangez l'ensemble.
4. Versez la préparation dans des ramequins.
5. Enfournez pour 50 minutes de cuisson.
6. À la sortie du four, laissez refroidir les crèmes et placez-les au réfrigérateur pendant 3 heures minimum.
7. Avant de servir, saupoudrez le dessus des crèmes de cassonade et brûlez le sucre avec un chalumeau de cuisine. Servez aussitôt.

Crumble d'automne aux Figolu®

Préparation : 20 minutes • Cuisson : 20 minutes • Difficulté : ★
Budget : ★

Pour 4 personnes

- ✔ 4 pommes
- ✔ 2 poires
- ✔ 15 g de beurre
- ✔ 1 cuil. à soupe de jus d'orange
- ✔ 2 cuil. à soupe de sucre
- ✔ ½ cuil. à café de cannelle en poudre
- ✔ 8 figues
- ✔ 1 paquet de Figolu®

Préparation

1. Épluchez les pommes et les poires, ôtez le cœur puis coupez-les en petits morceaux.
2. Dans une casserole, faites chauffer le beurre et déposez les fruits. Arrosez de jus d'orange puis ajoutez le sucre et la cannelle. Laissez compoter sur feu moyen pendant 15 minutes en remuant de temps en temps.
3. Lavez puis coupez les figues en quartiers. Ajoutez-les aux pommes et poires et poursuivez la cuisson pendant 5 minutes.
4. Mixez les biscuits Figolu.
5. Répartissez la compote de pommes-poires-figues dans des ramequins individuels. Ajoutez les Figolu mixés sur les fruits et dégustez aussitôt.

Tiramisu aux figues et aux Figolu®

Préparation : 15 minutes • Repos : 2 heures • Difficulté : ★ Budget : ★

Pour 4 personnes

- ✔ 3 œufs
- ✔ 60 g de sucre
- ✔ 250 g de mascarpone
- ✔ 1 paquet de Figolu®
- ✔ 6 figues

Préparation

1. Séparez les jaunes des blancs d'œufs.
2. Fouettez les jaunes d'œufs avec le sucre pour que le mélange blanchisse. Ajoutez le mascarpone et mélangez l'ensemble.
3. Montez les blancs d'œufs en neige ferme et incorporez-les délicatement à la préparation au mascarpone.
4. Dans des cercles individuels, répartissez les Figolu entiers le long de la paroi et versez au centre la préparation mousseuse au mascarpone.
5. Réservez au réfrigérateur pendant au moins 2 heures.
6. Avant de servir, retirez délicatement les cercles et déposez sur le dessus des quartiers de figues fraîches.

Mousse noix de coco et Granola®

Préparation : 15 minutes • Repos : 3 heures • Cuisson : 10 minutes • Difficulté : ★ Budget : ★

Pour 4 personnes

- ✔ 200 g de chocolat blanc
- ✔ 70 g de noix de coco râpée
- ✔ 4 blancs d'œufs
- ✔ 15 cl de crème fleurette
- ✔ 1 paquet de Granola® chocolat-coco

Préparation

1. Faites fondre au bain-marie le chocolat blanc coupé en morceaux.
2. Une fois le chocolat fondu et bien lisse, ajoutez la noix de coco râpée et mélangez.
3. Montez les blancs d'œufs en neige ferme. Incorporez-les délicatement au mélange chocolat blanc-noix de coco.
4. Fouettez la crème fleurette bien froide pour obtenir une crème fouettée. Mélangez-la à la préparation.
5. Répartissez la mousse à la noix de coco dans des verrines et ajoutez quelques morceaux de Granola chocolat-coco au centre.
6. Placez les mousses au réfrigérateur pour au moins 3 heures.
7. Avant de servir, déposez sur le dessus des mousses un Granola entier.

Yaourts à la vanille et aux Granola®

Préparation : 15 minutes • Repos : 8 heures • Cuisson : 2 h 15 • Difficulté : ★ Budget : ★

Pour 8 personnes

- ✔ 1 l de lait entier
- ✔ 1 gousse de vanille
- ✔ 2 cuil. à soupe de sucre
- ✔ 1 yaourt nature
- ✔ 1 paquet de Granola® chocolat noir

Préparation

1. Préchauffez le four à 50 °C (th. 1-2).
2. Dans une grande casserole, faites chauffer à feu moyen le lait avec la gousse de vanille fendue en deux.
3. Faites légèrement frémir puis ajoutez le sucre et le yaourt. Remuez pour obtenir une consistance homogène.
4. Versez la préparation à yaourt dans des pots.
5. Enfournez-les pour une cuisson lente pendant 2 heures.
6. Une fois le temps de cuisson écoulé, laissez les pots dans le four pendant 8 heures minimum.
7. Réservez les yaourts au réfrigérateur avant de les déguster.
8. Avant de servir, déposez sur le dessus des yaourts des Granola émiettés.

Muffins chocolat aux éclats de Pépito®

Préparation : 15 minutes • Cuisson : 25 minutes •
Difficulté : ★ Budget : ★

Pour 10 muffins

- ✔ 120 g de farine
- ✔ 1 sachet de levure chimique
- ✔ 75 g de sucre
- ✔ 30 g de cacao en poudre non sucré
- ✔ 1 œuf
- ✔ 1 yaourt nature
- ✔ 2 cuil. à soupe de lait
- ✔ 3 cuil. à soupe d'huile
- ✔ 1 paquet de Pépito®

Préparation

1. Préchauffez le four à 180 °C (th. 6).
2. Dans un premier saladier, mélangez la farine avec la levure, le sucre et le cacao.
3. Dans un autre saladier, fouettez l'œuf puis ajoutez le yaourt, le lait et l'huile. Mélangez l'ensemble.
4. Versez les ingrédients secs (farine, sucre...) dans le second saladier et mélangez le tout.
5. Répartissez la pâte dans des moules à muffin à mi-hauteur.
6. Émiettez grossièrement les Pépito et répartissez des morceaux sur le dessus des muffins.
7. Enfournez pour 25 minutes de cuisson.
8. À la sortie du four, laissez tiédir avant de déguster.

Saucisson de chocolat et Pépito®

Préparation : 20 minutes • Repos : 2 h 30 • Cuisson : 10 minutes • Difficulté : ★ Budget : ★

Pour 8 personnes

- ✔ 125 g de chocolat
- ✔ 50 g de beurre
- ✔ 8 Pépito®
- ✔ 60 g de noisettes
- ✔ 50 g de guimauves
- ✔ Sucre glace

Préparation

1. Dans une casserole, faites fondre à feu doux le chocolat coupé en petits morceaux avec le beurre.
2. Écrasez grossièrement les Pépito et placez-les dans un saladier avec les noisettes et les guimauves. Versez le chocolat fondu et mélangez.
3. Placez le saladier au réfrigérateur pour 30 minutes.
4. Versez la préparation au chocolat sur du film alimentaire et roulez pour former un boudin.
5. Réservez au réfrigérateur pendant 2 heures au minimum.
6. Avant de déguster, roulez le saucisson dans du sucre glace.

Panna cotta au chocolat et aux Oreo®

Préparation : 15 minutes • Repos : 4 heures •
Difficulté : ★ Budget : ★

Pour 6 personnes

- ✔ 150 g de chocolat noir
- ✔ 50 cl de crème fleurette
- ✔ 2,5 feuilles de gélatine
- ✔ 6 Oreo®

Préparation

1. Dans une casserole, déposez le chocolat coupé en petits morceaux et recouvrez de crème fleurette.
2. Laissez chauffer à feu moyen en remuant pour faire fondre le chocolat.
3. Faites ramollir les feuilles de gélatine dans un bol d'eau froide.
4. Essorez les feuilles de gélatine et ajoutez-les au mélange chocolat-crème. Mélangez bien pour faire dissoudre la gélatine.
5. Versez la préparation dans des petites verrines ou petits pots. Déposez un Oreo sur le dessus et immergez-le légèrement.
6. Réservez au réfrigérateur au moins 4 heures.

Tarte crémeuse aux Oreo®

Préparation : 30 minutes • Repos : 12 heures • Cuisson : 2 minutes • Difficulté : ★ Budget : ★

Pour 8 personnes

- ✔ 20 Oreo®
- ✔ 60 g de beurre mou
- ✔ 2 feuilles de gélatine
- ✔ 200 g de fromage frais Philadelphia®
- ✔ 100 g de crème fraîche épaisse
- ✔ 120 g de sucre
- ✔ 30 cl de crème fleurette
- ✔ 60 g de sucre glace

Préparation

1. Ôtez la crème des Oreo, placez-les dans un sac et avec un rouleau à pâtisserie, émiettez-les. Mélangez le beurre mou avec les biscuits émiettés.

2. Tapissez-en le fond d'un moule à bords hauts avec un fond amovible. Réservez au réfrigérateur.

3. Faites tremper les feuilles de gélatine dans un récipient d'eau froide pendant 5 minutes.

4. Essorez-les et placez-les dans une petite casserole avec 1 cuil. à soupe d'eau. Laissez dissoudre la gélatine à feu très moyen.

5. Dans un grand saladier, fouettez le fromage Philadelphia. Ajoutez la crème fraîche, le sucre et la gélatine fondue. Mélangez.

6. Fouettez la crème fleurette en chantilly, versez le sucre glace dès que la crème commence à mousser.

7. Incorporez dans un premier temps 1/3 de la chantilly dans la préparation fromage-crème-sucre. Mélangez délicatement. Ajoutez progressivement le reste de chantilly pour obtenir une préparation bien lisse et homogène.

8. Versez la préparation sur la base de biscuits Oreo puis placez le moule au réfrigérateur pendant au moins 12 heures.

9. Avant de déguster, démoulez délicatement et servez de belles parts individuelles.

Tarte à l'orange revisitée aux Pim's®

Préparation : 20 minutes • Cuisson : 15 minutes • Difficulté : ★
Budget : ★

Pour 6 personnes

- ✔ 3 oranges
- ✔ 120 g de beurre
- ✔ 170 g de sucre
- ✔ 1 cuil. à soupe de Maïzena®
- ✔ 5 œufs
- ✔ 1 paquet de Pim's® orange
- ✔ 3 blancs d'œufs

Préparation

1. Pressez les oranges.
2. Dans une casserole, faites chauffer sans porter à ébullition, le jus des oranges, le beurre et 100 g de sucre.
3. Ajoutez la Maïzena et mélangez l'ensemble.
4. Battez les œufs en omelette puis ajoutez-les au mélange. Remuez jusqu'à ce que le mélange épaississe, sans laisser bouillir. Laissez tiédir la crème à l'orange puis placez-la au réfrigérateur pour la faire refroidir.
5. Découpez 12 Pim's et répartissez-les dans le fond de 6 verrines.
6. Placez la crème à l'orange dans une poche à douille et recouvrez les Pim's avec la crème.
7. Préparez la meringue. Fouettez les blancs d'œufs, dès qu'ils commencent à mousser, versez le reste de sucre et continuez de fouetter pour obtenir une meringue bien ferme.
8. Déposez une bonne couche de meringue sur la crème à l'orange. Dorez le dessus de la meringue avec un chalumeau puis placez un Pim's pour décorer. Dégustez aussitôt.

Tiramisu aux Pim's® framboise

Préparation : 15 minutes • Repos : 2 heures •
Difficulté : ★ Budget : ★

Pour 4 personnes

- ✔ 3 œufs
- ✔ 75 g de sucre
- ✔ 250 g de mascarpone
- ✔ 1 paquet de Pim's® framboise
- ✔ 300 g de framboises
- ✔ Sel

Préparation

1. Séparez les jaunes des blancs d'œufs.
2. Fouettez les jaunes d'œufs avec le sucre pour que le mélange blanchisse. Ajoutez le mascarpone et mélangez l'ensemble.
3. Montez les blancs d'œufs en neige ferme avec une pincée de sel puis incorporez-les délicatement au mélange au mascarpone.
4. Répartissez dans le fond de chaque verrine 2 Pim's framboise coupés en petits morceaux.
5. Déposez sur le dessus la crème au mascarpone puis les framboises entières. Terminez par un Pim's entier.
6. Réservez au réfrigérateur 2 heures avant de déguster.

Cake aux TAGADA®

Préparation : 20 minutes • Cuisson : 45 minutes •
Difficulté : ★★ Budget : ★

Pour 6 personnes

- ✔ Beurre
- ✔ 170 g de farine
- ✔ 250 g de TAGADA®
- ✔ 6 cl de lait
- ✔ 3 œufs
- ✔ 125 g de sucre
- ✔ ½ sachet de levure chimique
- ✔ 1 yaourt nature
- ✔ 6 cl d'huile de tournesol
- ✔ Sel

Préparation

1. Préchauffez votre four à 180 °C (th. 6).
2. Beurrez et farinez un moule à cake.
3. Dans une petite casserole faites fondre à feu doux les bonbons dans le lait.
4. Remuez doucement à l'aide d'une spatule jusqu'à obtention d'un mélange bien lisse.
5. Séparez les blancs des jaunes d'œufs.
6. Battez énergiquement au fouet les jaunes d'œufs et le sucre jusqu'à ce que le mélange blanchisse.
7. Montez les blancs en neige avec une pincée de sel en les soulevant bien avec le fouet afin d'éviter qu'ils ne retombent.
8. Ajoutez la farine et la levure, puis le yaourt et l'huile, les fraises fondues et les blancs montés en neige.
9. Versez la pâte dans le moule et mettez au four pendant 45 minutes.

Cupcakes aux TAGADA®

Préparation : 15 minutes • Cuisson : 16 minutes •
Difficulté : ★ Budget : ★

Pour 8 cupcakes

- ✔ 2 œufs
- ✔ 60 g de sucre
- ✔ 60 g de farine
- ✔ 12 TAGADA®

Pour la crème

- ✔ 20 cl de crème fleurette
- ✔ 2 cuil. à soupe de sucre
- ✔ Colorant alimentaire rouge
- ✔ 8 TAGADA®

Préparation

1. Préchauffez le four à 180 °C (th. 6).
2. Déposez les caissettes en papier dans des moules à muffin rigides.
3. Fouettez au batteur électrique les œufs et le sucre pendant 10 minutes à grande vitesse. La pâte doit doubler de volume et blanchir.
4. Mélangez la farine avec les bonbons coupés en dés. Incorporez délicatement à la préparation précédente avec une maryse afin de ne pas faire retomber la mousse.
5. Versez la pâte dans les caissettes et enfournez pour 16 minutes.
6. Laissez refroidir les cupcakes sur une grille.
7. Préparez la crème. Fouettez la crème fleurette au batteur électrique avec le sucre jusqu'à obtenir une chantilly, déposez-en la moitié dans une poche à douille en essayant de la plaquer d'un côté puis colorez le reste avec le colorant alimentaire rouge et déposez-le sur le côté opposé. Garnissez les cupcakes et déposez un bonbon au sommet.

Esquimaux aux TAGADA®

Préparation : 10 minutes • Congélation : 4 heures • Difficulté : ★
Budget : ★

Pour 6 personnes

- ✔ 15 TAGADA®
- ✔ 3 yaourts grecs
- ✔ 70 g de sucre
- ✔ 5 cl de sirop de fraise

Préparation

1. Détaillez les bonbons en petits morceaux.
2. Versez les yaourts dans un saladier. Ajoutez le sucre, le sirop de fraise et les bonbons. Mélangez.
3. Répartissez la préparation dans des moules à esquimau. Mettez les couvercles et placez au congélateur 4 heures minimum.

CONSEIL : SORTEZ LES ESQUIMAUX 5 MINUTES AVANT DE LES SERVIR. POUR FACILITER LE DÉMOULAGE PASSEZ-LES SOUS UN FILET D'EAU CHAUDE ET TIREZ DÉLICATEMENT. LA PARTIE SUPÉRIEURE DU MOULE DOIT NORMALEMENT SE DÉTACHER SANS AUCUN PROBLÈME.

Moelleux aux bonbecs

Préparation : 15 minutes • Repos : 1 heure • Cuisson : 20 minutes • Difficulté : ★ Budget : ★

Pour 6 personnes

- ✔ 150 g de chocolat blanc
- ✔ 50 g de TAGADA®
- ✔ 100 g de beurre
- ✔ 80 g de sucre
- ✔ 4 œufs
- ✔ 100 g de farine
- ✔ 6 guimauves

Préparation

1. Faites fondre le chocolat au bain-marie avec les TAGADA et le beurre.
2. Lorsque le mélange est homogène, incorporez le sucre, les œufs battus en omelette et enfin, la farine.
3. Versez la pâte dans 6 moules beurrés et farinés ou en silicone. Placez 1 heure au frais.
4. Déposez 1 guimauve au centre de chaque moelleux et mettez au four pour 15 minutes à 210 °C (th. 7).
5. À la sortie du four, attendez 5 minutes et démoulez.

CONSEIL : NE TARDEZ PAS TROP POUR DÉGUSTER LES MOELLEUX CAR LA GUIMAUVE DURCIT RAPIDEMENT.

Souvenir d'enfance

Préparation : 30 minutes • Repos : 3 heures • Cuisson : 5 minutes • Difficulté : ★★ Budget : ★★★

Pour 4 personnes

- ✔ 400 g de fraises
- ✔ 1 cuil. à café d'agar-agar
- ✔ 2 œufs
- ✔ 80 g de sucre
- ✔ 15 cl de crème liquide
- ✔ 16 TAGADA®
- ✔ Barbe à papa

Préparation

1. Réduisez 300 g de fraises en purée. Portez cette purée à ébullition et ajoutez l'agar-agar. Laissez tiédir.
2. Séparez les blancs d'œufs des jaunes. Fouettez les jaunes d'œufs avec 1 cuil. à soupe d'eau chaude et 50 g de sucre, jusqu'à ce que le mélange blanchisse. Ajoutez la purée de fraises.
3. Montez les blancs d'œufs en neige. Lorsqu'ils commencent à mousser, ajoutez 30 g de sucre et continuez de battre jusqu'à ce qu'ils soient brillants et bien fermes. Incorporez-les délicatement au premier mélange.
4. Montez la crème en chantilly et incorporez-la également.
5. Coupez les 100 g de fraises restants en petits morceaux et ajoutez-les à la mousse.
6. Mettez la mousse au frais pendant 1 heure.
7. Répartissez les bonbons dans les verrines, couvrez-les de mousse à la fraise et laissez reposer 2 heures au frais.
8. Au moment de servir, décorez de barbe à papa et servez aussitôt.

Chantilly aux bonbons à la banane

Préparation : 10 minutes • Repos : 1 heure • Cuisson : 10 minutes • Difficulté : ★ Budget : ★

Pour 6 personnes

✔ 50 cl de crème fleurette

✔ 150 g de bonbons à la banane

Préparation

1. Versez la crème liquide dans une casserole et ajoutez les bonbons à la banane. Sur feu doux, laissez fondre doucement les bonbons sans faire bouillir la crème fleurette.
2. Laissez tiédir la crème aux bananes.
3. Versez la crème dans un siphon, ajoutez 2 cartouches en secouant entre les 2 cartouches. Réservez le siphon au réfrigérateur au moins 1 heure avant de déguster.

Cupcakes à la banane

Préparation : 15 minutes • Cuisson : 35 minutes • Difficulté : ★
Budget : ★

Pour 6 personnes

- ✔ 170 g de beurre
- ✔ 3 bananes
- ✔ 120 g de sucre
- ✔ 3 œufs
- ✔ 150 g de farine
- ✔ ½ sachet de levure chimique
- ✔ 200 g de mascarpone
- ✔ 60 g de sucre glace
- ✔ Le jus de ½ citron
- ✔ Bonbons à la banane

Préparation

1. Préchauffez le four à 180 °C (th. 6).
2. Faites chauffer un peu de beurre dans une grande poêle, faites-y dorer 2 bananes tranchées et saupoudrez-les de sucre. Laissez-les un peu caraméliser et réservez.
3. Dans un saladier, fouettez les œufs avec le reste de sucre pour que le mélange blanchisse et devienne mousseux. Ajoutez la farine et la levure.
4. Faites fondre doucement le reste de beurre et ajoutez-le à la préparation précédente avec les bananes caramélisées coupées en petits morceaux. Mélangez.
5. Versez la préparation dans de petits moules à cake. Mettez au four pour 30 minutes.
6. À la sortie du four laissez refroidir.
7. Pendant ce temps préparez la crème à la banane. Fouettez le mascarpone avec le sucre glace. Mixez la banane restante et arrosez-la de jus de citron pour éviter qu'elle ne noircisse. Incorporez la banane à la crème au mascarpone et mélangez.
8. Remplissez une poche à douille avec la crème à la banane et décorez les petits cakes à la banane refroidis. Ajoutez les bonbons à la banane pour la décoration.

Mousse aux bonbons à la banane

Préparation : 20 minutes • Repos : 2 heures • Cuisson : 5 minutes • Difficulté : ★ Budget : ★

Pour 4 personnes

- ✔ 50 g de bonbons à la banane
- ✔ 10 cl de crème fleurette
- ✔ 3 œufs
- ✔ 60 g de sucre
- ✔ 200 g de mascarpone
- ✔ 8 spéculoos
- ✔ Sel

Préparation

1. Dans une petite casserole, faites fondre doucement les bonbons à la banane avec la crème fleurette.
2. Séparez les jaunes des blancs d'œufs. Dans un saladier, fouettez les jaunes d'œufs avec le sucre afin que le mélange blanchisse et devienne mousseux. Ajoutez le mascarpone et les bananes fondues. Mélangez bien l'ensemble.
3. Montez les blancs d'œufs en neige ferme avec une pincée de sel. Incorporez délicatement les œufs en neige à la préparation au mascarpone.
4. Répartissez la mousse dans des verrines ou des ramequins individuels. Émiettez grossièrement les spéculoos et saupoudrez-en les mousses à la banane.
5. Réservez au frais au moins 2 heures avant de servir.

Muffins au cacao et aux bonbons à la banane

Préparation : 20 minutes • Cuisson : 21 minutes • Difficulté : ★
Budget : ★

Pour 15 muffins

- ✔ 280 g de farine
- ✔ ½ sachet de levure chimique
- ✔ 2 cuil. à soupe de cacao amer en poudre
- ✔ 100 g de beurre
- ✔ 2 œufs
- ✔ 100 g de sucre
- ✔ 10 cl de lait
- ✔ 1 yaourt nature
- ✔ 75 g de bonbons à la banane
- ✔ Sel

Préparation

1. Préchauffez le four à 180 °C (th. 6).
2. Dans un grand saladier, versez la farine, la levure, le cacao et une pincée de sel. Mélangez bien pour intégrer le cacao.
3. Faites fondre le beurre.
4. Dans un autre saladier, battez les œufs en omelette, ajoutez le sucre et le beurre fondu. Mélangez puis incorporez le lait et le yaourt. Versez le mélange farine-cacao. Mélangez bien l'ensemble qui va avoir une consistance un peu collante.
5. Répartissez la pâte dans des moules à muffin. Coupez les bonbons à la banane en petits morceaux et répartissez-les sur les muffins.
6. Enfournez pour 20 minutes. Laissez ensuite tiédir avant de déguster.

Panna cotta aux bonbons à la banane

Préparation : 20 minutes • Repos : 6 heures • Cuisson : 15 minutes • Difficulté : ★ Budget : ★

Pour 4 personnes

- ✔ 3 feuilles de gélatine
- ✔ 40 cl de crème liquide
- ✔ 25 cl de lait entier
- ✔ 15 bonbons à la banane
- ✔ 20 g de sucre
- ✔ 100 g de chocolat noir

Préparation

1. Faites ramollir les feuilles de gélatine dans un bol d'eau froide.
2. Versez 25 cl de crème et le lait dans une casserole, ajoutez les bonbons à la banane et le sucre. Portez à ébullition.
3. Intégrez la gélatine essorée puis remuez.
4. Répartissez le mélange dans des ramequins ou verrines et placez au frais au moins 5 heures.
5. Faites fondre le chocolat noir coupé en morceaux dans le reste de crème. Versez ensuite sur les panna cotta et réservez de nouveau 1 heure au réfrigérateur.
6. Dégustez bien frais.

Chantilly à la réglisse

Préparation : 10 minutes • Repos : 1 heure • Cuisson : 10 minutes • Difficulté : ★ Budget : ★

Pour 6 personnes

- ✔ 5 rouleaux de réglisse
- ✔ 25 cl de crème fleurette
- ✔ 2 cuil. à soupe de sucre

Préparation

1. Dans une petite casserole, faites fondre à feu doux les rouleaux de réglisse avec la crème et le sucre, mélangez de temps en temps.
2. Laissez refroidir la crème à la réglisse puis versez-la dans un siphon. Placez une cartouche de gaz, secouez le siphon puis replacez une seconde cartouche. Secouez de nouveau.
3. Placez le siphon la tête en bas au réfrigérateur au moins 1 heure avant de servir la chantilly.

Crèmes brûlées à la réglisse

Préparation : 15 minutes • Repos : 2 h 15 • Cuisson : 1 h 10 •
Difficulté : ★★ Budget : ★

Pour 6 personnes

- ✔ 6 rouleaux de réglisse
- ✔ 60 cl de crème fleurette
- ✔ 5 jaunes d'œufs
- ✔ 120 g de sucre
- ✔ 6 cuil. à soupe de sucre roux

Préparation

1. Déroulez les rouleaux de réglisse et coupez-les en petits morceaux. Mettez le tout dans la crème, faites chauffer doucement en mélangeant régulièrement jusqu'à ce que la réglisse soit totalement fondue.
2. Fouettez les jaunes d'œufs et le sucre jusqu'à ce que le mélange blanchisse. Versez la crème chaude sur les jaunes sans fouetter.
3. Préchauffez le four à 100 °C (th. 3-4).
4. Versez le tout dans 6 cocottes, laissez reposer 15 minutes puis mettez-les à cuire 1 heure au four. À la sortie du four, laissez refroidir puis placez-les au frais 2 heures minimum.
5. Au moment de servir, saupoudrez les crèmes de sucre roux et caramélisez-les au chalumeau. Servez aussitôt.

Cupcakes à la réglisse

Préparation : 40 minutes • Repos : 15 minutes • Cuisson : 20 minutes
Difficulté : ★ Budget : ★

Pour 6 cupcakes

- ✔ 60 g de beurre
- ✔ 110 g de sucre
- ✔ 1 sachet de sucre vanillé
- ✔ 1 œuf
- ✔ 150 g de farine
- ✔ ½ cuil. à café de levure chimique
- ✔ 2 rouleaux de réglisse

Pour la crème

- ✔ 3 rouleaux de réglisse
- ✔ 18 cl de lait
- ✔ 2 jaunes d'œufs
- ✔ 40 g de sucre
- ✔ 15 g de Maïzena®
- ✔ 150 g de beurre

Pour le décor

- ✔ 6 rouleaux de réglisse

Préparation

1. Préchauffez le four à 180 °C (th. 6). Fouettez le beurre pommade avec les sucres jusqu'à l'obtention d'un mélange onctueux. Ajoutez l'œuf puis la farine mélangée à la levure et la réglisse coupée en petits morceaux. Mélangez bien.
2. Remplissez aux deux tiers 6 moules à muffin garnis de caissettes en papier et mettez au four pour 20 minutes. Laissez refroidir sur une grille.
3. Préparez la crème : coupez la réglisse en morceaux, ajoutez-la au lait dans une casserole et portez à ébullition.
4. Mélangez les jaunes d'œufs et le sucre jusqu'à ce que la préparation blanchisse. Ajoutez la Maïzena. Versez dessus le lait bouillant et faites épaissir le tout à feu doux. Laissez refroidir.
5. Battez le beurre en pommade à l'aide d'un fouet électrique et ajoutez petit à petit la crème à la réglisse.
6. Nappez les cupcakes de crème, placez au frais 15 minutes pour que la crème se fige légèrement. Déroulez les spirales de réglisse et décorez les cupcakes. Réservez au frais avant de déguster.

Riz au lait à la réglisse

Préparation : 15 minutes • Cuisson : 40 minutes • Difficulté : ★
Budget : ★

Pour 6 personnes

- ✔ 1 l de lait entier
- ✔ 1 gousse de vanille
- ✔ 180 g de riz rond
- ✔ 60 g de sucre
- ✔ 2 rouleaux de réglisse

Préparation

1. Versez le lait avec la gousse de vanille fendue dans une casserole. Dès que le lait commence à bouillir, versez le riz et laissez cuire à feu doux à couvert pendant 30 à 40 minutes. Dix minutes avant la fin de la cuisson, retirez la gousse de vanille, puis ajoutez le sucre.
2. Déroulez la réglisse et coupez-la en petits morceaux. Incorporez-les dans le riz puis laissez tiédir à température ambiante.
3. Répartissez le riz au lait dans des petits pots ou verrines et servez-le tiède.

Yaourt à la réglisse

Préparation : 10 minutes • Repos : 4 heures • Cuisson : 10 heures • Difficulté : ★ Budget : ★

Pour 8 yaourts

- ✔ 8 rouleaux de réglisse
- ✔ 1 l de lait entier
- ✔ 1 yaourt nature
- ✔ 4 cuil. à soupe de sucre
- ✔ 4 cuil. à soupe de lait en poudre

Préparation

1. Déroulez la réglisse et coupez-la en petits morceaux à l'aide de ciseaux. Ajoutez la réglisse, bonbon ou poudre, au lait, puis portez-le à ébullition avant de le laisser refroidir à 40 °C.
2. Fouettez le yaourt avec le sucre puis ajoutez le lait en poudre et le lait tiède après l'avoir filtré si besoin.
3. Mélangez bien et répartissez dans les pots.
4. Placez les pots dans la yaourtière pendant 10 heures sans les couvercles. Puis fermez-les et laissez-les reposer 4 heures minimum au frais.

Conseil : Aidez les bonbons à se dissoudre en mélangeant régulièrement le lait chaud.

Brownie aux noix de pécan et Carambar®

Préparation : 20 minutes • Cuisson : 25 minutes • Difficulté : ★
Budget : ★

Pour 6-8 personnes

- ✔ 300 g de chocolat noir
- ✔ 150 g de beurre
- ✔ 2 œufs
- ✔ 150 g de cassonade
- ✔ 150 g de farine
- ✔ 2 cuil. à soupe de crème fraîche épaisse
- ✔ 70 g de noix de pécan
- ✔ 8 Carambar®

Préparation

1. Préchauffez le four à 180 °C (th. 6).
2. Faites fondre le chocolat cassé en morceaux avec le beurre au bain-marie en remuant de temps en temps pour bien lisser le chocolat.
3. Fouettez les œufs avec le sucre pour que le mélange blanchisse et devienne mousseux. Ajoutez la farine et la crème fraîche. Mélangez.
4. Versez le chocolat fondu avec le beurre et mélangez de nouveau.
5. Concassez les noix de pécan et coupez les Carambar en petits morceaux. Incorporez-les à l'appareil à brownie.
6. Versez dans un moule carré en silicone ou antiadhésif.
7. Enfournez pour 25 minutes.
8. À la sortie du four, laissez un peu refroidir avant de démouler et coupez le brownie en petits carrés.

Cake au Carambar®

Préparation : 15 minutes • Cuisson : 45 minutes • Difficulté : ★
Budget : ★

Pour 6 personnes

- ✔ 10 cl de lait
- ✔ 100 g de beurre
- ✔ 15 Carambar®
- ✔ 3 œufs
- ✔ 120 g de cassonade
- ✔ 150 g de farine
- ✔ ½ sachet de levure chimique

Préparation

1. Préchauffez le four à 180 °C (th. 6).
2. Dans une petite casserole, faites chauffer à feu doux le lait avec le beurre et 10 Carambar. Mélangez pour bien faire fondre le beurre et les Carambar.
3. Dans un saladier, fouettez les œufs avec le sucre pour que le mélange devienne mousseux. Ajoutez la farine et la levure. Mélangez. Versez le mélange lait-beurre-Carambar.
4. Versez la préparation dans un moule à cake. Découpez le reste de Carambar en petits morceaux et répartissez-les sur le cake.
5. Enfournez pour 40 minutes. À la sortie du four, laissez tiédir avant de déguster.

Cookies aux Carambar® et chocolat blanc

Préparation : 10 minutes • Cuisson : 10 minutes • Difficulté : ★
Budget : ★

Pour 20 cookies

- ✔ 100 g de beurre
- ✔ 75 g de cassonade
- ✔ 1 œuf
- ✔ 100 g de farine
- ✔ ½ sachet de levure chimique
- ✔ 100 g de poudre d'amandes
- ✔ 8 Carambar®
- ✔ 60 g de chocolat blanc

Préparation

1. Faites fondre le beurre. Mélangez-le à la cassonade.
2. Ajoutez l'œuf, la farine, la levure et la poudre d'amandes. Mélangez bien l'ensemble. La pâte à cookies va devenir collante.
3. Découpez les Carambar et le chocolat blanc en petits morceaux et ajoutez-les à la pâte à cookies. Préchauffez le four à 180 °C (th. 6).
4. Formez de petites boules de pâte avec vos mains et déposez-les sur une plaque de cuisson. Écrasez les boules avec le dos d'une cuillère.
5. Enfournez pour 10 minutes. Laissez refroidir les cookies avant de déguster.

Financiers Carambar® et pépites de chocolat

Préparation : 15 minutes • Cuisson : 13 minutes • Difficulté : ★
Budget : ★

Pour 15 financiers

- ✔ 70 g de beurre
- ✔ 70 g de farine
- ✔ 90 g de poudre d'amandes
- ✔ 75 g de sucre
- ✔ 4 blancs d'œufs
- ✔ Extrait d'amande amère
- ✔ 70 g de pépites de chocolat
- ✔ 6 Carambar®
- ✔ Fleur de sel

Préparation

1. Préchauffez le four à 210 °C (th. 7).
2. Faites fondre le beurre au four à micro-ondes.
3. Dans un saladier, mélangez la farine, la poudre d'amandes et le sucre. Ajoutez les blancs d'œufs et 3 gouttes d'extrait d'amande amère. Mélangez de nouveau. Versez ensuite le beurre fondu et remuez. Ajoutez les pépites de chocolat, les Carambar coupés en petits morceaux et parsemez légèrement de fleur de sel. Mélangez bien.
4. Versez la préparation dans des moules en silicone.
5. Enfournez pour 12 minutes. À la sortie du four, démoulez et laissez refroidir avant de déguster.

Fondant au chocolat, au cœur Carambar®

Préparation : 15 minutes • Cuisson : 15 minutes • Difficulté : ★
Budget : ★

Pour 4 personnes

- ✔ 2 œufs
- ✔ 50 g de sucre
- ✔ 30 g de farine
- ✔ 100 g de beurre
- ✔ 100 g de chocolat noir
- ✔ 4 Carambar®

Préparation

1. Préchauffez le four à 200 °C (th. 6-7).
2. Dans un saladier, fouettez les œufs avec le sucre afin que le mélange blanchisse et devienne mousseux. Ajoutez la farine et mélangez l'ensemble.
3. Dans une casserole, faites fondre à feu doux le beurre avec le chocolat. Hors du feu ajoutez la préparation œufs-sucre-farine et mélangez.
4. Répartissez la pâte dans des moules à muffin. Déposez au centre un Carambar coupé en 3 parties.
5. Enfournez pour 12 minutes. Servez ensuite dès la sortie du four.

Brownie aux M&M's®

Préparation : 20 minutes • Cuisson : 30 minutes • Difficulté : ★
Budget : ★

Pour 6-8 personnes

- ✔ 300 g de chocolat noir
- ✔ 150 g de beurre
- ✔ 2 œufs
- ✔ 150 g de cassonade
- ✔ 150 g de farine
- ✔ 2 cuil. à soupe de beurre de cacahuètes
- ✔ 100 g de M&M's®

Préparation

1. Préchauffez le four à 180 °C (th. 6).
2. Faites fondre le chocolat cassé en morceaux avec le beurre au bain-marie en remuant de temps en temps pour bien lisser le chocolat.
3. Fouettez les œufs avec le sucre pour que le mélange blanchisse et devienne mousseux. Ajoutez la farine et le beurre de cacahuètes. Mélangez.
4. Versez le chocolat fondu avec le beurre et mélangez de nouveau.
5. Concassez les M&M's et incorporez-les à la préparation à brownie.
6. Versez dans un moule carré en silicone ou antiadhésif.
7. Enfournez pour 25 minutes.
8. À la sortie du four, laissez un peu refroidir avant de démouler et coupez le brownie en petits carrés.

Cake au chocolat et aux M&M's®

Préparation : 20 minutes • Cuisson : 50 minutes • Difficulté : ★
Budget : ★

Pour 6 personnes

- ✔ 250 g de farine
- ✔ 1 sachet de levure chimique
- ✔ 120 g de chocolat noir
- ✔ 3 œufs
- ✔ 100 g de sucre
- ✔ 10 cl d'huile
- ✔ 10 cl de lait
- ✔ 100 g de M&M's®
- ✔ Sel

Préparation

1. Préchauffez le four à 180 °C (th. 6).
2. Mélangez la farine avec la levure et 2 pincées de sel.
3. Coupez le chocolat en petits morceaux et faites-le fondre au bain-marie.
4. Séparez les jaunes des blancs d'œufs et mélangez les jaunes avec le sucre pour que le mélange blanchisse et devienne mousseux.
5. Montez les blancs d'œufs en neige ferme avec une pincée de sel.
6. Une fois le chocolat fondu, versez-le sur le mélange jaunes-sucre, ajoutez la farine puis l'huile et le lait. Mélangez bien l'ensemble.
7. Incorporez pour finir les blancs en neige. Remuez très délicatement puis versez la préparation dans un moule à cake antiadhésif ou beurré. Concassez grossièrement les M&M's et répartissez-les sur le cake.
8. Enfournez pour 45 minutes. Laissez ensuite tiédir ou refroidir avant de déguster.

Cookies aux M&M's®

Préparation : 10 minutes • Cuisson : 11 minutes • Difficulté : ★
Budget : ★

Pour 20 cookies

- ✔ 100 g de beurre
- ✔ 75 g de sucre
- ✔ 1 œuf
- ✔ 100 g de farine
- ✔ ½ sachet de levure chimique
- ✔ 100 g de poudre d'amandes
- ✔ 100 g de M&M's®

Préparation

1. Faites fondre le beurre. Mélangez-le au sucre.
2. Ajoutez l'œuf, la farine, la levure et la poudre d'amandes. Mélangez bien. La pâte à cookies va devenir collante.
3. Concassez les M&M's et ajoutez-les à la pâte à cookies.
4. Préchauffez le four à 180 °C (th. 6).
5. Formez de petits tas à l'aide de 2 cuillères à café et déposez-les sur une plaque de cuisson.
6. Enfournez pour 10 minutes. Laissez refroidir les cookies avant de déguster.

Muffins aux M&M's®

Préparation : 20 minutes • Cuisson : 21 minutes • Difficulté : ★
Budget : ★

Pour 6 personnes

- ✔ 100 g de beurre
- ✔ 2 œufs
- ✔ 100 g de sucre
- ✔ 10 cl de lait
- ✔ 1 yaourt nature
- ✔ 280 g de farine
- ✔ ½ sachet de levure chimique
- ✔ 100 g de M&M's®
- ✔ Sel

Préparation

1. Préchauffez le four à 180 °C (th. 6).
2. Faites fondre le beurre.
3. Dans un saladier, battez les œufs en omelette, ajoutez le sucre et le beurre fondu. Mélangez puis incorporez le lait et le yaourt. Versez la farine, la levure et une pincée de sel. Mélangez bien l'ensemble.
4. Écrasez grossièrement les M&M's et incorporez-les à la pâte à muffins.
5. Remplissez les moules à muffin et enfournez pour 20 minutes. Laissez ensuite tiédir avant de déguster.

Nougat glacé aux M&M's®

Préparation : 20 minutes • Cuisson : 10 minutes • Congélation : 4 heures • Difficulté : ★ Budget : ★

Pour 8 personnes

✔ 3 blancs d'œufs
✔ 100 g de miel
✔ 60 g de sucre
✔ 25 cl de crème fleurette
✔ 150 g de M&M's®

Préparation

1. Montez les blancs d'œufs en neige ferme.
2. Dans une casserole, déposez le miel avec le sucre et 3 cuil. à soupe d'eau. Faites chauffer et portez à ébullition pour obtenir un sirop.
3. Versez le sirop sur les œufs en neige et fouettez le tout avec un batteur électrique pour obtenir une belle meringue lisse.
4. Montez la crème fleurette en chantilly et incorporez-la à la meringue.
5. Mixez grossièrement les M&M's et ajoutez-les à la préparation à nougat. Mélangez.
6. Tapissez un moule à cake de film alimentaire et versez dessus la préparation aux M&M's.
7. Réservez au congélateur au moins 4 heures avant de servir.

Brioche du mercredi

Préparation : 45 minutes • Repos : 1 h 30 • Cuisson : 30 minutes • Levée 1 : 1 h 30 • Levée 2 : 1 h 30 • Difficulté : ★ Budget : ★

Pour 1 brioche de 500 g

- ✔ 12,5 cl de lait
- ✔ 2 jaunes d'œufs
- ✔ 45 g de beurre
- ✔ 30 g de sucre
- ✔ 1 cuil. à café de sel
- ✔ 300 g de farine type 55
- ✔ 1 cuil. à café de levure de boulanger déshydratée
- ✔ 40 g de Smarties®

Préparation

1. Mettez tous les ingrédients dans la cuve de la machine à pain selon l'ordre indiqué, sauf 1 jaune d'œuf et les bonbons chocolatés.
2. Sélectionnez le programme « Pâte ».
3. À la fin du programme, versez la pâte sur un plan de travail légèrement fariné, étalez-la en un long rectangle puis répartissez les bonbons. Roulez la pâte en un gros escargot puis déposez-la sur une plaque de cuisson légèrement farinée ou recouverte de papier de cuisson. Laissez cette préparation reposer, recouverte d'un torchon, dans un endroit tempéré et à l'abri des courants d'air. La pâte doit doubler de volume, ce qui prend environ 1 h 30.
4. Préchauffez le four à 180 °C (th. 6). Avant d'enfourner, badigeonnez la brioche du jaune d'œuf dilué avec 1 cuil. à café d'eau et placez quelques bonbons dans les plis de l'escargot.
5. Enfournez 30 minutes en surveillant bien la coloration de la croûte.
6. Sortez la brioche du four et laissez-la refroidir sur une grille.

Cookies aux Smarties®

Préparation : 20 minutes • Cuisson : 20 minutes • Difficulté : ★
Budget : ★

Pour 25 cookies

- ✔ 110 g de beurre mou
- ✔ 150 g de sucre de canne
- ✔ 1 sachet de sucre vanillé
- ✔ 1 œuf
- ✔ 150 g de farine
- ✔ ½ cuil. à café de levure chimique
- ✔ ½ cuil. à café de bicarbonate de soude
- ✔ 120 g de Smarties®
- ✔ Sel

Préparation

1. Travaillez le beurre et les sucres à la fourchette puis ajoutez l'œuf. Incorporez la farine, la levure, le bicarbonate de soude, une pincée de sel et les ¾ des Smarties.
2. Formez des boules de la taille d'une grosse noix. Placez-les sur une plaque de cuisson, étalez-les légèrement. Déposez des Smarties sur la surface de chaque sablé, enfoncez-les légèrement.
3. Préchauffez le four à 150 °C (th. 5).
4. Enfournez les cookies et laissez-les cuire 20 minutes. Laissez refroidir les cookies avant de les retirer de la plaque.

Cookies so smart !

Préparation : 15 minutes • Cuisson : 12 minutes • Difficulté : ★
Budget : ★

Pour 6 personnes

- ✔ 150 g de beurre
- ✔ 75 g de cassonade
- ✔ 75 g de sucre
- ✔ 2 œufs
- ✔ 250 g de farine
- ✔ ½ cuil. à soupe de bicarbonate de soude
- ✔ 100 g de Smarties®
- ✔ 50 g de pépites de chocolat
- ✔ 50 g de noix
- ✔ Sel

Préparation

1. Préchauffez le four à 180 °C (th. 6).
2. Dans un bol, mélangez le beurre mou et les sucres jusqu'à ce que le mélange soit homogène. Ajoutez les œufs en mélangeant de nouveau.
3. Tamisez la farine et le bicarbonate dans un autre bol, ajoutez-les, ainsi qu'une pincée de sel, au mélange précédent, puis mélangez à nouveau.
4. Ajoutez les trois quarts des Smarties, les pépites de chocolat et les noix concassées, en les incorporant délicatement au mélange.
5. Recouvrez une grande plaque de cuisson de papier sulfurisé. À l'aide d'une cuillère à soupe, déposez des petits tas de pâte sur la plaque en laissant un espace suffisant entre chaque tas. Déposez sur chaque cookie 5 ou 6 Smarties de couleurs différentes.
6. Enfournez pour 12 minutes.
7. Laissez refroidir sur une grille et dégustez tiède.

Moelleux aux Smarties®

Préparation : 15 minutes • Cuisson : 40 minutes • Difficulté : ★
Budget : ★

Pour 6 verrines

- ✔ 100 g de chocolat noir
- ✔ 125 g de beurre
- ✔ 125 g de farine
- ✔ ½ sachet de levure chimique
- ✔ 200 g de Smarties®
- ✔ 4 œufs
- ✔ 250 g de sucre

Préparation

1. Préchauffez le four à 180 °C (th. 6). Dans une casserole, faites fondre le chocolat et le beurre à feu doux.
2. Hors du feu, ajoutez la farine la levure et les Smarties (en réserver une poignée pour la décoration). Séparez les blancs des jaunes d'œufs. Fouettez énergiquement les jaunes avec le sucre et un peu d'eau. Incorporez-les au chocolat.
3. Montez les blancs en neige et ajoutez-les délicatement à l'appareil.
4. Versez la pâte dans des petits moules en verre et enfournez pour environ 35 minutes. Décorez avec quelques Smarties.

Bananes caramélisées au miel

Préparation : 10 minutes • Cuisson : 10 minutes • Difficulté : ★
Budget : ★

Pour 4 personnes

- ✔ 40 g de beurre
- ✔ 4 bananes
- ✔ 15 g de sucre
- ✔ 2 yaourts brassés
- ✔ 20 g de miel
- ✔ 3 cl d'eau de fleur d'oranger

Préparation

1. Dans une poêle, faites fondre le beurre et faites-y revenir les bananes fendues en deux, avec le sucre en poudre. Laissez caraméliser.
2. Mélangez au fouet les yaourts avec le miel et la fleur d'oranger.
3. Dans des assiettes à dessert, répartissez ce mélange et posez dessus les bananes caramélisées.

Conseil : saupoudrez d'amandes effilées juste avant de servir.

Beignets de pommes au miel

Préparation : 10 minutes • Cuisson : 10 minutes • Difficulté : ★★
Budget : ★

Pour 4 personnes

- ✔ 4 pommes Pink Lady®
- ✔ ½ citron
- ✔ 150 g de farine
- ✔ ½ sachet de levure chimique
- ✔ 1 œuf
- ✔ 2 cuil. à soupe de Maïzena®
- ✔ 2 cuil. à soupe d'huile à frire
- ✔ 1 cuil. à soupe d'huile végétale
- ✔ 6 cl de miel
- ✔ 1 cuil. à café de cannelle en poudre

Préparation

1. Épluchez les pommes et coupez-les en 8 quartiers. Arrosez-les d'un filet de jus de citron.
2. Déposez la farine et la levure dans un saladier. Mélangez. Dans un bol, cassez l'œuf et battez-le en omelette. Ajoutez 30 cl d'eau et remuez. Incorporez ce mélange à la farine jusqu'à obtention d'une pâte lisse.
3. Enrobez les pommes de Maïzena et enlevez l'excèdent. Passez-les une par une dans la pâte.
4. Dans un wok, faites chauffer l'huile de friture et frire les pommes en petite quantité jusqu'à ce qu'elles soient légèrement dorées. Réservez dans une assiette recouverte de papier absorbant.
5. Faites ensuite chauffer l'huile végétale dans le wok et incorporez-y le miel. Faites-le chauffer jusqu'à ébullition. Enrobez les beignets de ce miel chaud, déposez-les dans des assiettes à dessert et saupoudrez de cannelle.

Conseil : CETTE RECETTE SE MARIE ÉGALEMENT TRÈS BIEN AVEC D'AUTRES FRUITS COMME LES BANANES SAUPOUDRÉES DE CHOCOLAT EN POUDRE.

Biscuit au lait et au miel

Préparation : 5 minutes • Cuisson : 5 minutes •
Difficulté : ★ Budget : ★

Pour 1 portion

- ✔ 5 cl de lait
- ✔ 2 biscuits secs
- ✔ 1 cuil. à soupe de miel

Préparation

1. Faites chauffer le lait à feu très doux. Écrasez les biscuits en miettes fines et ajoutez-les au lait. Laissez chauffer 5 minutes.
2. Ajoutez le miel et mixez le tout avant de servir.

Conseil : À la place du miel, vous pouvez ajouter 1 cuil. à café de cassonade.

Bricks de pommes au miel

Préparation : 20 minutes • Cuisson : 5 minutes • Difficulté : ★
Budget : ★

Pour 4 personnes

- ✔ 4 pommes
- ✔ 10 g de miel (de romarin)
- ✔ Beurre
- ✔ 4 feuilles de brick

Préparation

1. Pelez les pommes et épépinez-les. Coupez-les en morceaux.
2. Dans une poêle, faites chauffer le beurre et faites-y revenir les morceaux de pommes pendant 5 minutes, en remuant régulièrement. Ajoutez-y le miel et laissez caraméliser quelques minutes de plus, jusqu'à ce que les pommes soient colorées.
3. Posez les feuilles de brick dans une assiette et déposez-y les morceaux de pommes au miel. Pliez les feuilles en triangles et faites-les revenir à feu doux à la poêle, pendant 10 minutes.
4. Les feuilles de brick doivent être bien dorées.

Conseil : SERVEZ TIÈDE AVEC DE LA GLACE À LA VANILLE.

Cheesecake au miel et aux abricots

Préparation : 20 minutes • Repos : 1 nuit + 1 heure • Cuisson : 30 minutes • Difficulté : ★ Budget : ★

Pour 6 personnes

Pour la base

✔ 250 g de fromage frais Philadelphia®
✔ 150 g de ricotta
✔ 60 g de miel
✔ 2 œufs

Pour le cheesecake

✔ 12 abricots secs
✔ 1 cuil. à soupe de pignons de pin
✔ 1 cuil. à soupe de pistaches
✔ 3 cuil. à soupe de miel

Préparation

1. Fouettez le fromage Philadelphia, la ricotta et le miel. Ajoutez un à un les œufs en mélangeant bien entre deux. Versez la préparation dans des ramequins en verre.
2. Placez les ramequins sur une plaque de cuisson et mettez au four 30 minutes à 150 °C (th. 5). Laissez le cheesecake refroidir 1 heure dans le four éteint puis placez une nuit au frais.
3. Coupez les abricots en morceaux et répartissez-les sur les cheesecakes. Ajoutez les pignons de pin et saupoudrez de pistaches hachées. Arrosez du miel et servez.

Crêpes au miel et au citron vert

Préparation : 15 minutes • Cuisson : 30 minutes • Difficulté : ★
Budget : ★

Pour 10 crêpes

- ✔ 150 g de farine
- ✔ 30 g de sucre
- ✔ 2 œufs
- ✔ 25 cl de lait
- ✔ 30 g de beurre salé
- ✔ 2 cuil. à soupe d'eau de fleur d'oranger
- ✔ 2 cuil. à soupe de rhum

Pour la garniture

- ✔ 2 citrons verts
- ✔ Miel
- ✔ Graines de sésame

Préparation

1. Mélangez la farine et le sucre, ajoutez les œufs et délayez progressivement la pâte avec une cuillère en bois.
2. Faites chauffer le lait et, hors du feu, laissez-y fondre le beurre. Versez ce mélange très doucement à la préparation précédente pour l'amalgamer à la pâte.
3. Ajoutez l'eau de fleur d'oranger et le rhum, mélangez bien, la pâte est prête.
4. Pour faire cuire les crêpes, utilisez une poêle chaude légèrement beurrée entre chaque crêpe.
5. Proposez chaque crêpe arrosée d'un filet de jus de citron, de 1 cuil. à café de miel et saupoudrée de graines de sésame.

Conseil : Pour garder les crêpes au chaud pendant toute la durée de la cuisson, disposez-les au fur et à mesure les unes sur les autres sur une assiette posée sur une casserole d'eau bouillante et couvrez-les d'une feuille de papier d'aluminium.

Douceurs au miel

Préparation : 20 minutes • Cuisson : 20 minutes • Difficulté : ★
Budget : ★

Pour 15 pièces

- ✔ 200 g de farine
- ✔ 50 g de poudre d'amandes
- ✔ 60 g de sucre
- ✔ 1 sachet de sucre vanillé
- ✔ 1 cuil. à café de levure de boulanger déshydratée
- ✔ 60 g de beurre mou
- ✔ 1 œuf
- ✔ 2 cuil. à soupe de miel
- ✔ Sel

Préparation

1. Préchauffez le four à 210 °C (th. 7).
2. Mélangez la farine, la poudre d'amandes, le sucre, le sucre vanillé, la levure et une pincée de sel.
3. Ajoutez le beurre en pommade, l'œuf et le miel, puis mélangez le tout jusqu'à l'obtention d'une pâte souple légèrement collante.
4. Formez des boules de pâte en farinant légèrement vos mains et posez-les sur une plaque recouverte de papier sulfurisé.
5. Mettez au four pour 20 minutes.
6. Conservez-les dans une boîte métallique.

Glace au miel

Préparation : 15 minutes • Cuisson : 15 minutes • Difficulté : ★
Budget : ★

Pour 4 personnes

- ✔ 40 cl de lait
- ✔ 60 g de miel
- ✔ 50 g de sucre
- ✔ 4 jaunes d'œufs
- ✔ 20 cl de crème fraîche épaisse

Préparation

1. Dans une casserole, faites bouillir le lait avec le miel et la moitié du sucre en poudre en mélangeant bien. Laissez tiédir.
2. Battez les jaunes d'œufs avec le sucre restant jusqu'à ce que le mélange blanchisse.
3. Incorporez lentement ce mélange au lait tiédi puis remettez à chauffer à feu doux en remuant sans cesse.
4. Au bout d'environ 10 minutes, la crème épaissit : ôtez-la du feu et ajoutez alors la crème fraîche. Mélangez bien pour obtenir une préparation lisse.
5. Placez dans la sorbetière.

Conseil : CHOISISSEZ UN MIEL LIQUIDE, PLUS FACILE À MÉLANGER AU LAIT.

Mousse au miel et éclats de nougat

Préparation : 30 minutes • Repos : 2 h 30 • Cuisson : 5 minutes • Difficulté : ★ Budget : ★★

Pour 4 verrines

- ✔ 100 g de miel
- ✔ 20 cl de lait
- ✔ ½ cuil. à café d'agar-agar
- ✔ 2 œufs
- ✔ 30 g de sucre
- ✔ 20 cl de crème liquide
- ✔ 200 g d'abricots au sirop
- ✔ 2 cuil. à soupe d'amandes effilées
- ✔ 4 nougats

Préparation

1. Faites chauffer le miel avec le lait puis ajoutez l'agar-agar. Portez à ébullition. Séparez les blancs des jaunes d'œufs. Battez les jaunes avec le sucre jusqu'à ce que le mélange blanchisse. Ajoutez le mélange lait-miel tiède et faites épaissir à feu doux sans faire bouillir. Laissez tiédir.

2. Battez la crème liquide en chantilly et incorporez-la délicatement à la préparation ainsi que les blancs d'œufs montés en neige ferme avec une pincée de sucre. Placez au frais 30 minutes.

3. Égouttez les abricots, coupez les demi-fruits en deux et placez-les dans les verrines. Recouvrez-les de mousse au miel à l'aide d'une poche à douille. Laissez reposer 2 heures au frais.

4. Grillez les amandes dans une poêle. Versez ½ cuil. à café de miel sur la mousse, décorez d'amandes grillées et de morceaux de nougat.

Conseil : vous pouvez remplacer l'agar-agar par 4 feuilles de gélatine que vous ferez ramollir dans l'eau froide.

Salade d'oranges au miel et aux pignons

Préparation : 20 minutes • Difficulté : ★ Budget : ★

Pour 4 personnes

- ✔ 4 oranges
- ✔ 4 cuil. à café de miel liquide
- ✔ 4 cuil. à café de pignons de pin

Préparation

1. Tranchez les oranges en rondelles d'environ ½ cm d'épaisseur. Avec un couteau pointu, enlevez la peau. Coupez-les en triangles et détachez les restes de peau blanche. Enlevez les éventuels pépins.
2. Mettez les morceaux d'orange dans un saladier ou dans des ramequins individuels.
3. Nappez de miel et de pignons, et servez.

Conseil : vous pouvez réaliser cette recette avec un mélange d'oranges, de pamplemousse et de citron vert. En variante, on peut utiliser des feuilles de menthe à la place les pignons.

Riz au lait au miel

Préparation : 10 minutes • Repos : 2 heures • Cuisson : 15 minutes • Difficulté : ★ Budget : ★

Pour 1 personne

- ✔ 20 cl de lait de suite
- ✔ 1 cuil. à café de miel
- ✔ 25 g de riz rond

Préparation

1. Dans une casserole, faites chauffer le lait de suite à feu doux. Dès les premiers frémissements, ajoutez le miel en remuant avec une cuillère.
2. Jetez alors le riz en pluie, mélangez puis laissez cuire pendant 15 minutes sans mélanger.
3. Transvasez le riz cuit dans un ramequin et laissez tiédir.
4. Placez ensuite au frais pendant 2 heures avant de servir.

Conseil : vous pouvez ajouter 1 cuil. à café de caramel juste avant de servir.

Yaourt miel-amande

Préparation : 10 minutes • Repos : 4 heures • Cuisson : 10 h 10 •
Difficulté : ★ Budget : ★★

Pour 8 yaourts

- ✔ 1 l de lait entier
- ✔ 3 cuil. à soupe de poudre d'amandes
- ✔ 1 yaourt nature (ou 1 sachet de ferment lactique à diluer)
- ✔ 4 cuil. à soupe de lait en poudre
- ✔ 4 cuil. à soupe de miel

Préparation

1. Portez le lait à ébullition avec la poudre d'amandes et laissez refroidir à 40 °C. Fouettez le yaourt avec le lait en poudre, le miel puis ajoutez le lait tiède.
2. Mélangez bien et répartissez dans les pots.
3. Placez les pots dans la yaourtière pendant 10 heures sans les couvercles. Puis fermez-les et laissez-les reposer 4 heures au frais minimum.

Cake au thé

Préparation : 10 minutes • Cuisson : 40 minutes • Difficulté : ★
Budget : ★

Pour 4 personnes

- ✔ 200 g de beurre allégé mou
- ✔ 120 g de sucre
- ✔ 300 g de farine
- ✔ 15 g de thé earl grey
- ✔ 1 sachet de levure chimique
- ✔ 4 œufs
- ✔ 1 goutte d'huile essentielle de bergamote

Préparation

1. Préchauffez le four à 180 °C (th. 6).
2. Dans une jatte, travaillez le beurre avec le sucre puis incorporez la farine, le thé et la levure chimique.
3. Ajoutez les œufs et remuez jusqu'à obtention d'un mélange bien lisse. Finissez avec la goutte d'huile essentielle de bergamote et mélangez à nouveau.
4. Versez dans un moule en silicone et enfournez pour 40 minutes.

Conseil : vous pouvez essayer la recette avec différents thés (vert par exemple) pour varier les saveurs.

Crèmes brûlées au thé

Préparation : 15 minutes • Repos : 2 h 15 • Cuisson : 1 heure •
Difficulté : ★ Budget : ★

Pour 6 personnes

- ✔ 45 cl de crème fleurette
- ✔ 15 cl de lait
- ✔ 1 cuil. à soupe de thé earl grey
- ✔ 5 jaunes d'œufs
- ✔ 120 g de sucre
- ✔ 6 cuil. à soupe de sucre roux

Préparation

1. Mettez la crème à chauffer avec le lait et le thé. Arrêtez le feu avant l'ébullition et laissez infuser 5 minutes puis filtrez.
2. Préchauffez le four à 100 °C (th. 3-4).
3. Fouettez les jaunes d'œufs et le sucre jusqu'à ce que le mélange blanchisse. Versez la crème chaude sur les jaunes sans fouetter pour ne pas faire mousser.
4. Versez le tout dans 6 cocottes, laissez reposer 15 minutes puis mettez-les à cuire 1 heure. À la sortie du four, laissez refroidir puis placez-les au frais 2 heures minimum.
5. Au moment de servir, saupoudrez les crèmes de sucre roux et caramélisez-les au chalumeau. Servez aussitôt.

Gelée au thé vert

Préparation : 15 minutes • Repos : 4 heures • Cuisson : 10 minutes • Difficulté : ★ Budget : ★

Pour 4 personnes

- ✔ 2 feuilles de gélatine
- ✔ 1 cuil. à soupe de fructose
- ✔ 1 sachet de thé vert
- ✔ Menthe

Préparation

1. Faites ramollir la gélatine dans un bol d'eau froide.
2. Portez à ébullition 1 l d'eau. Aux premiers bouillons, retirez du feu.
3. Ajoutez le fructose, le sachet de thé et laissez infuser pendant une dizaine de minutes.
4. Retirez le thé et faites dissoudre la gélatine sur feu doux. Laissez refroidir.
5. Tapissez un moule en forme de couronne de papier film. Répartissez les feuilles de menthe sur la surface.
6. Versez la gelée et faites prendre au réfrigérateur pendant 4 heures.

CONSEIL : SIMPLISSIME À RÉALISER, UN COÛT MODIQUE ET TRÈS PEU DE CALORIES, CETTE RECETTE SE PERMET EN PLUS D'AVOIR UN PETIT CÔTÉ CHIC.

Mousse au thé

Préparation : 1 heure • Repos : 2 heures • Cuisson : 30 minutes • Difficulté : ★ Budget : ★★

Pour 6 verrines

- ✔ 100 g de chocolat
- ✔ 10 cl de lait
- ✔ 3 œufs
- ✔ 2 sachets de thé à la bergamote
- ✔ 130 g de sucre
- ✔ 4 feuilles de gélatine
- ✔ 30 cl de crème liquide entière
- ✔ 12 noisettes

Préparation

1. Faites fondre le chocolat au bain-marie. Versez-le dans le fond des verrines puis penchez ces dernières et faites-les tourner afin de les décorer de coulées de chocolat. Laissez durcir.
2. Faites infuser le thé 5 minutes dans 20 cl d'eau bouillante, puis ajoutez le lait.
3. Séparez les blancs des jaunes d'œufs. Battez les jaunes avec 30 g de sucre jusqu'à ce que le mélange blanchisse. Ajoutez le lait au thé et faites épaissir à feu doux. Ajoutez la gélatine préalablement ramollie dans de l'eau froide et laissez tiédir.
4. Montez les blancs en neige en ajoutant 50 g de sucre quand ils commencent à mousser. Fouettez jusqu'à ce qu'ils soient fermes et brillants. Battez la crème liquide en chantilly et incorporez-la délicatement à la préparation. Répartissez la mousse dans les verrines et laissez reposer 2 heures minimum au frais.
5. Faites chauffer les 50 g de sucre restants en mélangeant doucement jusqu'à obtention d'un caramel doré. Attendez 10 minutes et trempez les noisettes dedans en les piquant au bout d'un cure-dent. Réservez.
6. Formez des filaments de caramel : versez un peu de caramel sur une plaque souple. Plongez la fourchette plusieurs fois dedans pendant qu'il commence à épaissir et soulevez d'environ 30 cm afin de créer un nuage de caramel. Formez ainsi 6 petits nuages. Conservez-les dans un endroit sec. Déposez les décors en caramel sur les mousses au moment de servir.

Thé à la menthe

Préparation : 5 minutes • Cuisson : 10 minutes • Difficulté : ★
Budget : ★

Pour 4 personnes

- ✔ 2 cuil. à soupe de thé vert
- ✔ 1 botte de menthe
- ✔ 10 morceaux de sucre

Préparation

1. Faites chauffer de l'eau. Utilisez-en une petite partie pour ébouillanter l'intérieur de la théière. Jetez l'eau.
2. Déposez le thé vert au fond de la théière. Arrosez le thé avec un peu d'eau puis jetez l'eau par le bec verseur.
3. Gardez le thé au fond de la théière puis ajoutez la menthe et le sucre. Versez le reste de l'eau bouillante dans la théière. Laissez infuser 5 minutes. Versez un peu de thé dans un verre et goûtez-le. Si besoin, sucrez à nouveau.
4. Servez le thé chaud avec de petites pâtisseries.

Thé glacé

Préparation : 20 minutes • Repos : 2 heures • Difficulté : ★
Budget : ★

Pour 4 personnes

- ✔ 75 cl d'eau gazeuse
- ✔ 1,5 cuil. à café d'aspartame
- ✔ 1 sachet de thé
- ✔ 1 barquette de framboises

Préparation

1. Faites chauffer légèrement l'eau gazeuse, délayez l'aspartame et laissez-y infuser le sachet de thé une dizaine de minutes.
2. Réservez au frais.
3. Au moment de servir, versez le thé glacé dans des verres hauts puis ajoutez les framboises lavées.

Conseil : vous n'avez pas de framboises fraîches ? Optez pour des framboises surgelées, elles feront aussi office de glaçons.

Café croquant

Préparation : 20 minutes • Repos : 2 heures • Cuisson : 10 minutes • Difficulté : ★ Budget : ★

Pour 6 verrines

- ✔ 40 cl de lait
- ✔ 4 jaunes d'œufs
- ✔ 80 g de sucre
- ✔ 30 g de Maïzena®
- ✔ 2 cuil. à soupe de café soluble
- ✔ 100 g de beurre mou
- ✔ 300 g de billes chocolatées

Préparation

1. Portez le lait à ébullition. Dans un saladier, fouettez les jaunes et le sucre pour que le mélange blanchisse et double de volume, puis ajoutez la Maïzena.
2. Retirez le lait du feu et ajoutez le café puis versez le tout sur le mélange précédent. Remettez le tout dans la casserole et faites épaissir sur feu doux.
3. Mettez la crème obtenue dans un saladier, placez un film alimentaire dessus et laissez refroidir à température ambiante.
4. Battez le beurre tempéré au fouet électrique et ajoutez petit à petit la crème au café. Placez 3 ou 4 billes chocolatées au fond des verrines puis à l'aide d'une poche à douille, remplissez les verrines par petites touches en intercalant de temps en temps une bille.
5. Placez au frais jusqu'au moment de servir.

Café frappé au siphon

Préparation : 10 minutes • Repos : 3 heures • Difficulté : ★
Budget : ★

Pour 4 personnes

- ✔ 3 cuil. à soupe de café soluble
- ✔ 60 g de sucre
- ✔ 20 cl de lait
- ✔ 20 cl de crème liquide entière

Préparation

1. Mettez le café et le sucre à dissoudre dans le lait. Mélangez jusqu'à ce qu'il n'y ait plus de grain de café puis joutez la crème.
2. Filtrez et versez dans le siphon. Fermez soigneusement puis injectez une cartouche de gaz. Secouez énergiquement et placez au frais 3 heures.
3. Au moment de servir, secouez bien le siphon et remplissez les verres en maintenant bien le siphon verticalement, tête en bas. Dégustez bien frais.

Conseil : POUR UNE BOISSON ENCORE PLUS FRAÎCHE, VOUS POUVEZ PLACER DES GLAÇONS DANS LES VERRES AVANT DE LES REMPLIR.

Cookies au café et au chocolat noir

Préparation : 20 minutes • Repos : 20 minutes • Cuisson : 20 minutes
Difficulté : ★ Budget : ★

Pour 25 personnes

- ✔ 115 g de beurre mou
- ✔ 150 g de sucre roux
- ✔ 1 sachet de sucre vanillé
- ✔ 1 œuf
- ✔ 1 cuil. à soupe d'extrait naturel de café
- ✔ 240 g de farine
- ✔ ½ cuil. à café de levure chimique
- ✔ ½ cuil. à café de bicarbonate de soude
- ✔ 1 cuil. à soupe de café soluble
- ✔ 100 g de pépites de chocolat
- ✔ Sel

Préparation

1. Travaillez le beurre et les sucres à la fourchette puis ajoutez l'œuf et l'extrait de café. Incorporez la farine, la levure, le bicarbonate de soude, une pincée de sel, le café soluble et les ¾ des pépites de chocolat.
2. Formez des boules de la taille d'une grosse noix, déposez des pépites de chocolat à la surface. Placez-les sur une plaque de cuisson en les espaçant bien et laissez-les reposer 20 minutes au frais.
3. Préchauffez le four à 150 °C (th. 5). Enfournez les cookies et laissez-les cuire 20 minutes. Laissez refroidir les cookies avant de les retirer de la plaque.

Crème au café et billes de cacao

Préparation : 40 minutes • Cuisson : 16 minutes • Difficulté : ★★
Budget : ★

Pour 4 personnes

Pour la crème

- ✔ 25 g de Maïzena®
- ✔ 50 cl de lait
- ✔ 50 g de sucre
- ✔ 2 cuil. à soupe de café soluble

Pour les billes de cacao

- ✔ 1 g d'agar-agar
- ✔ 1 cuil. à soupe de sucre
- ✔ 2 cuil. à café de cacao en poudre
- ✔ 1 verre d'huile de noisette

Préparation

1. Diluez la Maïzena avec 1 cuil. à soupe de lait. Versez le lait dans une casserole, le sucre et faites chauffer. Avant ébullition, ajoutez le café soluble et la Maïzena diluée. Faites épaissir sans cesser de mélanger. Versez la crème au café dans 4 verrines. Laissez refroidir.
2. Dans une casserole, diluez l'agar-agar, le sucre et le cacao dans 10 cl d'eau. Portez à ébullition 1 minute en mélangeant régulièrement. Laissez tiédir.
3. Placez la tasse d'huile de noisette dans un bain-marie d'eau glacée. À l'aide d'une seringue ou d'une pipette, faites tomber des gouttes de cacao dans l'huile très froide. Lorsque le fond est couvert de billes de cacao, filtrez l'huile pour récupérer les billes puis continuez jusqu'à l'épuisement de la sauce cacao.
4. Rincez les billes à l'eau froide, égouttez-les soigneusement puis répartissez-les sur les crèmes. Servez très frais.

Crème glacée au café et lait concentré sucré

Préparation : 20 minutes • Repos : 2 heures • Cuisson : 10 minutes • Difficulté : ★ Budget : ★

Pour 6 personnes

- ✔ 1 cuil. à soupe de Maïzena®
- ✔ 10 cl de lait
- ✔ 20 cl de crème liquide entière
- ✔ 2 cuil. à soupe de café soluble
- ✔ 400 g de lait concentré sucré
- ✔ 40 g de grains de café au chocolat

Préparation

1. Diluez la Maïzena avec le lait puis mélangez le tout à la crème et ajoutez le café soluble. Chauffez la crème et faites épaissir sur feu doux en mélangeant constamment.
2. Ajoutez le lait concentré sucré, mélangez bien puis placez 2 heures au frais.
3. Faites prendre la crème glacée dans une sorbetière.
4. Lorsque la glace est prise ajoutez les grains de café en chocolat et dégustez aussitôt ou conservez-la au congélateur dans une boîte hermétique.

Crèmes fouettées au café

Préparation : 20 minutes • Repos : 2 heures • Difficulté : ★
Budget : ★

Pour 4 personnes

- ✔ 2 œufs
- ✔ 30 g de sucre
- ✔ 20 g de café soluble
- ✔ 25 cl de crème fraîche épaisse
- ✔ 8 biscuits à la cuiller
- ✔ 3 cl de cognac

Préparation

1. Dans un saladier, battez les œufs et le sucre jusqu'à ce que le mélange blanchisse.
2. Dans un bol, délayez le café soluble dans 3 cl d'eau chaude. Ajoutez ce mélange dans le saladier. Ajoutez-y la crème fraîche épaisse et battez fermement pendant 5 minutes pour obtenir une texture mousseuse.
3. Écrasez les biscuits pour obtenir de fines miettes et mélangez-les au cognac. Versez le tout dans la préparation et mélangez bien.
4. Répartissez la crème dans des ramequins individuels et placez au frais pendant 2 heures.

Conseil : SAUPOUDREZ DE CACAO JUSTE AVANT DE SERVIR.

Croustillants au café

Préparation : 1 heure • Repos : 30 minutes • Cuisson : 3 minutes • Difficulté : ★ Budget : ★

Pour 20 pièces

- ✔ 70 g de chocolat blanc
- ✔ 60 g de crêpes dentelle
- ✔ 80 g de beurre mou
- ✔ 2 cuil. à soupe de café soluble
- ✔ 1 cuil. à soupe de sucre glace
- ✔ 70 cl de crème anglaise
- ✔ 20 grains de café au chocolat

Préparation

1. Faites fondre le chocolat blanc au four à micro-ondes ou au bain-marie. Quand le chocolat est lisse et homogène, ajoutez les crêpes dentelle réduites en miettes. Mélangez le tout et à l'aide d'une cuillère à café, remplissez le fond de 20 moules à mini muffin, en silicone de préférence. Tassez bien et placez le tout au réfrigérateur pour 30 minutes.
2. Travaillez le beurre en pommade puis fouettez-le, au fouet électrique, avec le café soluble et le sucre glace. Ajoutez la crème anglaise tempérée petit à petit sans arrêter de battre jusqu'à obtention d'une crème onctueuse et homogène.
3. Démoulez les fonds croustillants et garnissez-les de crème au café à l'aide d'une poche à douille munie d'un très petit embout, afin de créer une spirale.
4. Décorez d'un grain de café en chocolat.

Conseil : Le remplissage des moules est un peu long ; n'hésitez pas à repasser le mélange chocolat blanc-gavottes 5 secondes au four à micro-ondes s'il durcit trop vite.

Cupcakes au café

Préparation : 45 minutes • Cuisson : 25 minutes • Difficulté : ★
Budget : ★

Pour 6 cupcakes

- ✔ 100 g de beurre
- ✔ 120 g de sucre
- ✔ 2 œufs
- ✔ 120 g de farine
- ✔ ½ sachet de levure chimique
- ✔ 1 cuil. à soupe de cacao en poudre
- ✔ 1 cuil. à soupe d'extrait naturel de café

Pour la crème

- ✔ 12 cl de lait
- ✔ 2 cuil. à soupe de café soluble
- ✔ 2 jaunes d'œufs
- ✔ 40 g de sucre
- ✔ 15 g de Maïzena®
- ✔ 150 g de beurre

Pour le décor

- ✔ Grains de café au chocolat

Préparation

1. Préchauffez le four à 180 °C (th. 6). Fouettez le beurre pommade avec le sucre jusqu'à l'obtention d'un mélange onctueux. Ajoutez les œufs puis la farine mélangée à la levure et au cacao. Mélangez bien. Terminez par l'extrait de café.
2. Remplissez aux deux tiers 6 caissettes en papier (pour les caissettes plissées, placez-les dans des moules à muffin pour éviter qu'elles ne se déplient et que le cupcake s'étale) et mettez au four pour 20 minutes à 180 °C (th. 6). Contrôlez la cuisson en plantant une pointe de couteau (ou un cure-dent) qui doit ressortir sèche. Laissez refroidir sur une grille.
3. Préparez la crème : faites chauffer le lait dans une casserole avec le café soluble. Mélangez les jaunes d'œufs et le sucre jusqu'à ce que le mélange blanchisse. Ajoutez la Maïzena et versez dessus le lait bouillant. Faites épaissir le tout à feu doux. Versez dans un bol et couvrez d'un film alimentaire, laissez refroidir.
4. Battez le beurre en pommade avec un fouet électrique et ajoutez petit à petit la crème au café.
5. Garnissez les cupcakes avec une spatule et décorez de grains de café au chocolat.

Moelleux au café

Préparation : 20 minutes • Cuisson : 20 minutes • Congélation : 2 heures • Difficulté : ★ Budget : ★

Pour 6 personnes

- ✔ 5 cl de crème liquide entière
- ✔ 3 cuil. à soupe de café soluble
- ✔ 100 g de chocolat blanc
- ✔ 3 œufs
- ✔ 75 g de cassonade
- ✔ 150 g de farine
- ✔ ½ cuil. à café de levure chimique
- ✔ 90 g de beurre

Préparation

1. Portez à ébullition la crème liquide, ajoutez 1 cuil. à soupe de café soluble et versez le tout sur le chocolat en trois fois, en mélangeant bien à chaque fois, jusqu'à l'obtention d'une ganache homogène.

2. Remplissez 6 mini empreintes demi-sphères (ou un bac à glaçons) de ganache et placez-les 2 heures au congélateur.

3. Fouettez les œufs, la cassonade et 2 cuil. à soupe de café soluble, puis incorporez la farine préalablement mélangée à la levure. Faites fondre le beurre et ajoutez-le à la préparation.

4. Versez cette pâte dans 6 moules individuels beurrés ou en silicone et laissez reposer 1 heure au frais.

5. Placez au centre de chaque moelleux un cœur de ganache au café congelé, enfoncez-le légèrement puis mettez au four 20 minutes à 180 °C (th. 6).

6. À la sortie du four, attendez 5 minutes puis démoulez.

Mousses légères au café

Préparation : 30 minutes • Repos : 6 heures • Cuisson : 10 minutes • Difficulté : ★ Budget : ★

Pour 4 personnes

- ✔ 25 cl de lait
- ✔ 3 œufs
- ✔ 60 g de sucre
- ✔ 2 feuilles de gélatine
- ✔ 1 cuil. à café de café soluble (extrait de café)

Préparation

1. Mettez le lait à bouillir. Séparez les jaunes des blancs d'œufs.
2. Fouettez les jaunes d'œufs avec le sucre dans un saladier, ajoutez le lait sans arrêter de fouetter. Versez le tout dans une casserole et faites épaissir à feu doux, comme une crème anglaise.
3. Ajoutez la gélatine préalablement ramollie dans de l'eau froide et l'extrait de café, laissez tiédir.
4. Battez 2 blancs d'œufs en neige et incorporez-les dans la crème au café.
5. Répartissez la mousse dans 4 pots. Placez au frais 6 heures minimum.